Círculo Rojo

Polvo de estrellas, de caminos

POLVO DE ESTRELLAS, DE CAMINOS

Entre susurros y duendes

Miguel Ángel Biurrun González

Círculo Rojo
EDITORIAL

Primera edición: junio 2025

Depósito legal: AL 5110-2025

ISBN: 979-13-7016-440-9
Impresión y encuadernación: Editorial Círculo Rojo

© Del texto: Miguel Ángel Biurrun González
© Maquetación y diseño: Equipo de Editorial Círculo Rojo
© Portada: Miguel Ángel Biurrun González y Círculo Rojo

Editorial Círculo Rojo
www.editorialcirculorojo.com
info@editorialcirculorojo.com

Impreso en España - Printed in Spain

PARTE PRIMERA

Esta primera parte la forman poemas con
un número igual o menor a quince versos.
Son mis llamados *miguelitos*.

Son esos poemas rápidos para coger y soltar;
ese golpe, *flash*, latigazo que nos inspira, cuenta o transmite;
esa lectura en cualquier lugar y momento tonto, ocasional
o dedicado a sumarlos todos con tiempo y dotar a cada
lector para que cree un bello conjunto; ese todo que tan
solo las emociones son capaces de aglutinar.

I. Luna, eres tan frágil y poderosa.
Luna, eres tan bella…
No brillas por ti misma.
El sol te regala su luz
en un acto generoso
que orgullosa reflejas.
El sol nos regala la luna
y nos avisa de su fuerza.

II. El día
es feliz y amoroso, armonioso.
Soy el barniz que agarra los colores
y son los colores mis tesoros.

III. Hoy hace un precioso día soleado.
Miro a mi alrededor,
yo necesito sentirlo a mi lado,
ambos de la mano.

IV. El brindis más agarrado
es el que hacemos despacio,
imaginando, deseando. (*Brindis V*)

V. Quiero tu tiempo sagrado,
tu ritmo y sentimiento,
tu espacio en blanco
durante ese misterio
relativo entre tus versos.
Mientras tanto,
mi corazón estanco.

VI.	Entre Sancho y yo,
una lágrima nos hermana,
esa lágrima escondida
que poco entiende
y mucho razona,
que siempre arrastra
y al tiempo calma.
Es la inocencia y la creencia
entre zancadas.

VII.	La mirada del pobre es más mirada
porque es su morada.

VIII.	Y me abrazó
sin esperar nada más que un suspiro,
y me abrazó
acompasando nuestras respiraciones,
y me abrazó
intercambiando nuestros alientos,
y me abrazó
y todo se tradujo en un no saber,
sentir y solo dejarse ir
por el camino de las emociones.

IX.	Que cada semana sea santa.
Ni un segundo perdido,
ni un momento añadido,
ni una jugada con trampa.

X.   El subir a la luna llena me salva,
cabalgar sobre ella me lanza
cuando ya no se espera nada
y de mí solo queda encogida el alma.

XI.   La noche espera,
la sombra acompaña,
el tiempo asiste,
el reposo cala.

XII.   Me quedo con las palabras,
con los gestos, con todo.
Todo es poesía y la poesía
es el modo.

XIII.   La que me quiere consigo
y me desea conmigo.
Nada más importa.
Tan solo un ombligo
entre dos improntas.

XIV.   La que es lo está,
la que está lo es.
Son besos ser y estar.

XV.   Abrazos, suspiros,
dos alientos,
respiraciones a un tiempo.
Todo ello…, dulces versos.

XVI.   Te agarraste a mi recuerdo y yo al tuyo.
        Somos presente cotidiano, imaginando.
        Entre una gran verdad,
        todo lo siento lejano.

XVII.   Qué olor tan vivo tienes,
        cuánto bien haces,
        qué bonito eres.
        Parece que vienes y enseguida te vas,
        y yo espero y te miro, te miro, te miro.
        Eres mar.
        Siempre estás y te vas,
        siempre estás y te vas,
        siempre estás y te vas.

XVIII. Solsticio.
        Meigas. Magia.
        Noche más corta. Luz. Todo arde.
        Fuego dentro de mí. Soledad.
        Mil poemas por recitar.
        No hay hoguera. Frío.
        No hay pecado ancestral
        que celebre la fiesta.
        Muero en deseos.
        Tierra y hombre desnudo.
        Los duendes no danzan.
        Duermen ante la soledad del mundo.

XIX.   Respiro palabras desoladas.
         Mi corazón las guarda
         en medio de la nada.
         Encuentro un oasis
         entre mis versos y mis lágrimas.

XX.   Se abren los poros
         mientras mi corazón se relaja.
         Así penetras
         mientras un cosquilleo me abraza.

XXI.   No le pido más a la noche
         que su brisa en verano.

XXII.   No sé dónde cayeron
         los cristales de mi corazón roto,
         no sé hacia dónde se escaparon mis sueños.
         Así, a la intemperie y vacío.

XXIII.   Generalizo, porque es generalizado,
         somos en el amor discapacitados.
         Generalizo porque es bien sabido
         que el arte creativo de amar
         lo censuramos.
         Así morimos olvidados.
         Vivimos errados, incomunicados, insatisfechos,
         llenos de miedo y de prejuicios.
         Morimos callando, morimos escapando.
         Si somos honestos,
         somos en el amor discapacitados.

XXIV.   No temo a lo que tengo,
        temo a lo que siento.

XXV.   En los puestos de emociones,
        nada está ordenado.
        La primavera es un aparente caos en este claro,
        es la vida dispuesta a recibir
        el polvo que la gente trae en sus pies,
        polvo de sus caminos y de sus estrellas,
        arena que se va entre los dedos
        y en sus zapatos aprieta.

XXVI.   El beso verdadero
        aleja las mejillas de su encuentro
        de un choque más o menos intenso,
        en un descarado postureo,
        juego social forzado y perecedero.

        El beso verdadero
        es claro, agradable y sincero.
        Entre mejillas y besos
        está la verdad
        de dos rostros sinceros.

XXVII. Desvelado, pulso colores.
        En el recuerdo trascribo mi vida;
        leo novelas, ensayo, poesía;
        canto y declamo…, reclamo también y grito.
        Comparto este todo conmigo mismo
        y con quienes conmigo mismo
        comparten su todo.

XXVIII. El niño come rapidito y con los ojos
para salir a jugar.
El adulto da valor con la vista
a sus prejuicios
y después corre a juzgar.

Ansiosos y sin tiempos,
ni el niño disfruta del plato
ni el adulto hace juicio sano.

XXIX. Los espacios
son el misterioso mundo de las cosas.
Las personas tienen tantos espacios…
Mi poesía también los tiene en blanco.

XXX. Cada día un deseo,
cada día feliz que no risueño.
Cada día los grises
son bellos tonos de invierno.
Se desnudan los árboles en otoño
como mi ser al sentir lo que siento.
En primavera, color y luz pintan mi alma,
que en verano se derrite en tu cuerpo
con olor a mañanas;
así, cuerpo y cuerpo, dos seres y mi desvelo.

XXXI. Mientras el mundo encuentra su destello,
yo soplo velas apagadas.
Me encanta imaginarlas
incandescentes, preciosas,
llenas de luz,
yo de alegría.

Vivo frente a un pedazo de tarta
y una vela sombría y solitaria.
Y yo soplando reflejos,
yo soñando,
sobrando, tal vez.

XXXII. La magia me persigue y yo con ella tonteo
y siempre se escapa cuando llega.
Así mi vuelo cesa.
Caer y doler.
Mejor caer cuando el alma está llena.
Así no tanto el doler, sino la pena.

XXXIII. Marinero,
desechas el agua,
te llenas de peces,
cuidas con paz la mar.
Te protege.

Yo me ahogo en el ponto
y vacío, iracundo, mis redes.

XXXIV. Tu aliento,
tus besos son tu luz,
mi miedo es antiguo y pasional
desde donde mancho mis versos,
susurros que se pierden en mi juicio.

Huelo el aliento de tu suspiro,
tú tachas, yo escribo,
e imagino decírtelo
ahora que te has ido.

XXXV.   Despierto convivo,
cada paso con cada objetivo
acompañado por mis valores
que hacen frente
a mis dolores y a mis temores.

Ligero despierto,
otras adormecido por la tristeza
o adormeciendo por la flaqueza.
Despierto, adormecido o adormeciendo,
solitario es mi destino,
pero siempre yo y vivo.

XXXVI.   Las luces deslumbran la Navidad.
Shhh…, nadie lo sabe,
solo una vela acompaña a los amantes.
Si yo tuviera una hija en Navidad,
la llamaría así: Candela.

XXXVII. Una carta
con cartero, con baraja, con astros, con comensal.
Quiero entonces
que mis amores me escriban si están lejos,
que jueguen a las cartas un domingo entre dos,
que los astros se sientan cerquita
en una cena entre susurros,
el adelanto de nuestra noche de amor.

XXXVIII. La mirada es un mundo eterno.
Es enfoque, faro y guía de lo que tengo enfrente,
chivato que bien entiende y se enciende
y descubre la energía a la que me acerco consciente.

XXXIX. Desde que te instalaste
en mi cabeza,
cada recuerdo tuyo cotidiano
es un lastre que lo hace apasionado.

XL. Amo a la luna,
subo con frecuencia sobre ella.
La amo porque es nadie, como yo.
Ni tan siquiera
cuando me ilumina redonda y bonita,
su luz es propia.
Me subo a ella,
a ambos nos gusta volar
en nuestra oscuridad y aparente luz.

XLI. Escapo de los chismes que me rodean,
también de los que me rodean con sus chismes.
Me atrapan sin que entienda
a no ser que caminen por mi senda.

XLII. Alma mía,
entre mis secretos brillas.
Eres toda vida, energía,
eres duende,
porque quedarás presente
cuando de mí nada quede.

¿Quién querrá mi alma?,
¿quién rezará a mi duende?,
¿quién abrazará mis destrozos
que la vida a la vista dejará presentes?
¿Quién se arrimará al misterio?
Tengo secretos que en el corazón se encierran.
Doy por entero lo que el que me ama se lleva.

XLIII.   La luna bien me conoce.
En la oscuridad me escucha,
así planto cara a mis miedos.
Mirándola dejo marchar mis sentidos,
los pierdo entre sentimientos.
Por el día recojo mis trozos,
cargo de nuevo
mis razones y razonamientos.

XLIV.   Poderoso poder el fútbol,
que mueve su pelota
saltarina entre despachos.
Loca.

XLV.   Tristeza, estás en quiebra como yo.
Tú y yo solos,
ambos caminamos solitarios.
En la noche, tú, yo y la luna
nos abrazamos.

XLVI.   Es noche para todos.
La noche es honesta, nos habla cara a cara,
nos conoce demasiado y nos desnuda rápido,
también nos trae sus duendes.
Que sea la noche más noche,
más que el día oscuro y complicado.
La noche es honesta, nos habla cara a cara,
entre pacífica y turbulenta, silenciosa.

Siempre eres solitaria
y lo somos en tu cercanía.
Noche, eres verdadera,
y yo te quiero
entre mis lunas llenas y mis veredas.

XLVII.   Hay momentos que se quedan guardados
como un misterio cuando ya han pasado
y en aquel presente no se apreciaron
ni se cuidaron ni se rezaron.

Cuánto duelen...
Quedan pegaditos y no se mueven;
luego se sienten de por vida
como la lágrima de un niño
que no entiende y camina
con sus pasitos despistados.

XLVIII.   Nadie puede imaginarte, rosa marchita.
Rosa, eres inmarcesible, respiras siempre.
Nadie puede imaginarte, rosa marchita.
Así es tu dolor a escondidas.

Más bello es tu morir
cuando todos te imaginamos linda.

XLIX.   Me dijo que necesitaba tiempo.
Yo se lo di todo, el tiempo y el alma.
En realidad esperaba a alguien,
yo un juego.
Me usó a mí y a mi tiempo
para consolarse y luego dejarme
mientras yo quedaba al descubierto.
Tiempo yerto, robado para tirarlo luego.

L.   Hoy entre poemas regalo claveles
por ser primavera.
Una niña sonríe y lo coge,
lo huele y me dice:
«Es de verdad»,
y se marcha saltando.
Su madre mira hacia atrás y sonríe;
luego se pierden calle abajo
con la misma sonrisa.
Hoy la ciudad da saltitos
como una niña con su clavel en la mano.
Hoy mi barrio huele a niño recién lavado.

LI.   Hoy pasó por delante la vida
al salir cabizbajo del portal de mi casa.
Me preguntó qué pasaba
y yo me quedé mirando
con mi mirada ancha
y mi sonrisa cálida.

LII.   Le dije «te quiero»
        y ella se fue, cogió las maletas,
        las que luego, borracho y ya dormido,
        imaginé
        en la esquina donde los vagabundos vagan
        y los enamorados moran.
        Cuando desperté allí, no estaban.
        Era yo el que allí habitaba.

LIII.   —Hola. ¿Qué vendes?
        —Vendo poesía.
        —¿Y qué es eso?
        —Son cuentos.
        —¿Cuentos de qué?
        —Cuentos bonitos.
        —Suena a cuentos viejos.
        —Y nuevos también. Son cuentos ciertos.

LIV.   El poeta son sus ojos,
        más su mirada,
        su sonrisa cuando sonríe,
        su voz cuando declama.

LV.   Mi casa
        tiene las puertas abiertas
        y habitaciones vacías.

        Y entre luces hay sombras,
        queda la noche en penumbra.
        Soniquetes en mi corazón.

LVI. Cuando canto a la vida,
cuando rezo a la muerte,
no soy más que un mendigo
esperando, esperando
a que se abra la puerta del cielo.

LVII.   Soy el hombre que escupe versos,
que navega sin un lugar
donde descansar la torpeza
y dormir la mirada un instante.
Sé que los vientos me llevan a ninguna parte.
Continuar travesía me hace mendigo del aire.

LVIII.   *Brindo por ti, Santiago.*
polo sentir do paso
dos teus pes
no meu regazo.
(Versos en galego)

LIX.   ¿Crees en mi mirada?
Tan solo ella me eleva como me aplasta,
pero sin ella
solo la muerte aguarda.

LX.   Los sueños se encaran inciertos cada día.
Son el presente sin su malicia y atrevidos,
son el futuro deseable que bien camina.

LXI.   Si de por medias
        un logro pequeño se atesora,
        a partir de ahí,
        otro pasito ahora.

LXII.   Ni espero a quien se da
        porque se sabe que está
        ni espero al que no está
        porque nunca llegará.

        Nunca se espera
        a quien se lleva.

LXIII. ¡Ay!
        Qué imprudente, soñadora y hermosa;
        también alocada y peligrosa...
        La infancia se desampara
        cuando la inocencia
        con la experiencia baila.

LXIV.   Entre medias,
        sin medida se acrecienta
        entre medias de dos días.
        Entre medias,
        la noche porfía.

LXV.   Los versos son los caminos
por los que el poeta transita
y el lector acompaña.
Otros son los senderos del lector
que el poeta arraiga;
otros son el todo, el modo,
el paso, el peso, el poso.

LXVI.   Los poemas son como las rosas:
se regalan una o tres.
Los poemas son como las cosas
que sin mirar ves.
Y ves sin saber lo que es
y es lo que sientes después
y sientes; por tanto, no mientes
desafiando lenguajes, rimas, maneras.

Así el poeta logra entender
que el ritmo de la vida pasa
por cada espacio en blanco
entre los versos que lees.

LXVII.   Muchos y variopintos colores.
Matices son los hombres y mujeres felices.
Óleos frescos, ricos en matices y libres.

LXVIII.   Ya llovió,
pero el suelo
siempre seguirá mojado.
Entre mis venas habitas,
entre mis versos te escribo. *(Recuerdos)*

LXIX.   Nuestra vida está llena de mundos,
        nuestros mundos de vidas,
        las vidas de submundos,
        y a los submundos nunca llegamos,
        ni los compartimos ni los rescatamos.
        Entre los silenciamos y los ocultamos.
        Muros emocionales que se encuentran,
        que se ignoran, que se enfrentan.
        Muros elevados. Bien pintados.

LXX.   La vida la pintamos.
        Los colores son las emociones,
        el lienzo somos tú y yo,
        los pinceles el cómo observamos
        ese instante cogido al vuelo entre los dos.
        Así ambos nos manchamos
        creando el arte de amarse…
        dibujando.

LXXI.   Hoy nos reunimos por y para ti.
        Somos la cera que, entre luces y sombras,
        tú moldeas con tu llama.
        En el ocaso de la fiesta,
        la extingues con tu soplido
        que aglutina tus deseos ante nuestro suspiro
        transparente y denso.
        Así la cera se seca y el tiempo se agarra,
        así la llama se apaga,
        así otro año que llega y al tiempo se marcha.
        (Cumpleaños de mis hijos)

LXXII. ¡Hola, peque!
        ¡Cómo creces!, ¿sabes?,
        y yo crezco contigo.

        Sí, poeta,
        tú creces siendo mi amigo.

        Claro, peque,
        y cuando te miro, sonrío.

        ¡Adiós, poeta!
        Mamá me llama y cruzaremos el río
        sobre el puente que entre tú y yo hicimos.

        ¡Adiós, pequeño!
        Toma mi poema,
        habla de un niño
        que creaba enlaces
        entre caminos.

LXXIII. Escuchar a quien escucha,
        observar a quien observa,
        preguntar a quien pregunta.

        Tres claveles y un poema.

LXXIV. Me fui, escapé, hui, desaparecí,
        oré en mil ermitas,
        caminé por España
        buscando la compañía en la meseta...

Cuando volví,
todo me esperaba paciente.
Con más ganas, morí.

LXXV.   Escribo simple,
las mejores veces sencillo;
puedo ser cursi,
reiterativo.
Escribo como se hablan
las parejas al oído.

Cuando disparo un verso,
también lo hago bajito,
cerquita, clarito,
y mirando bien fijo.

LXXVI. Llega la noche
y pierdo los sueños
y llegan tormentos.
De mañana se hace todo difícil
hasta que vuelvo a encontrarlos
poco a poco mientras despierto.

LXXVII. Se presenta precioso
cuando mi claridad lo permite,
cada hora desea mi mejora,
cuando estoy mal se alarga,
en las buenas pasa fugaz,

pesa en mi penumbra
y resplandece ligero con mi claridad,
me despierta hasta acostarme
aun cuando es noche cerrada.
Descansa, hasta mañana, día.

LXXVIII. Soy un hombre de pequeñas monedas
que atesora luces, candelas
que iluminan felices, juguetonas
como luciérnagas,
como mi felicidad agradecida,
rica y verdadera.

Recibo luz que no ciega,
calderilla que brilla ligera, centellea.
Es paso, sendero, poso, vereda,
luz que se regala
y que este poeta lleva.

LXXIX. Yo me pregunto
cuáles son mis tesoros,
lo pregunto al aire viciado de mi habitación cerrada.
Es una noche ciega.
Mis tesoros, entre otros, son tu compañía,
compañera amante, amante amiga.
¡Vida!
Cuáles son los tuyos,
me pregunto
desde esta cama fría.

LXXX. Cuando me desnudo,
me deshago hasta de mi piel
y no queda más que un ser vulnerable.
Soy así, un papel
con mi vida escrita en él,
escondido tras un clavel
desechado en el suelo,
en una esquina,
ambos temerosos sin comprender.

LXXXI. Tormentas que los silencios traen,
frituras del tiempo,
palabras que se instauran
en un eterno invierno.
Infierno.

LXXXII. Yo te amo
y me dicen que me paso
y me paso la vida amándote.
Te lo doy todo
y me entrego
y me dicen que no te entregue la vida
mientras yo ya la vivo así contigo y para ti,
y tú me dices
que entre tu conmigo y mi contigo
soñamos dos veces,
vivimos el doble,
hacemos entre dos uno y medio,
y amamos con creces.

LXXXIII. Juegas conmigo sobre un mismo tablero
con unas piezas que ambos tenemos,
las movemos sin comernos,
es el juego del simple hecho
de hacerse moviendo.

LXXXIV. Cada vez que me juzgas para justificarte,
juegas a romper el tablero y quedarte con las fichas
y educar a tus hijos en la prepotencia o en el miedo.
No me gusta esta educación basada en el poder o
en el temor,
en la protección de las barreras que impiden la cir-
culación de la conciencia.
No me gusta y no lo califico.
Llévalo todo, no me dejes nada.
No tardes a mañana.
Yo así en calma.

LXXXV. Silencio que arropa,
que acuna el verso;
vates que aclaran las letras
del compañero que reza.
Centinelas del verbo,
acción que penetra
en la escucha activa
de los míos poetas.

LXXXVI. Ya llovió hace años,
ya no importa el clima.
Entre la sequía,
el suelo siempre seguirá mojado.

LXXXVII. Somos puertos y marinos,
        secretos que guardamos
        y otros que nos esconden,
        confidencias que naufragan.
        En las traicioneras tormentas,
        confiamos confidencias;
        así cogemos cabos y amarramos.

LXXXVIII. Como las sábanas del neonato,
        como una página por cubrir en un diario,
        como las canas del anciano
        que reposan sobre sus hombros
        igual que descansa su nieta cogida en su regazo
        y le cuenta historias de chico
        escritas en sus libretas de antaño.
        Y le susurra: «Blanca».
        Y la mece, la mece, la mece
        y la acuesta en su cunita
        con su ropita clara.

LXXXIX. Sobra soberbia,
        sobran seres así.
        Satisfacen sus simplezas;
        sus señas, sus signos
        siempre salen saciados.
        Solo siento soledad
        sabiéndome sencillo y simple,
        sin sonido ni semblante,
        sin sabia, sin sed.
        Sin ser.
        Tan solo sombra.
        Saltimbanqui sin red.

XC.   El poder de tu ser.
        Así ser frente a poder.
        (La sociedad civil no lo entiende y la clase política
        tampoco).

XCI.   El amor son tus confidencias
        atadas a mi tiempo.
        Brisa que las destapa
        y mi corazón las atrapa.

XCII.   Algodón de amores que curan las heridas,
        bombillas de colores son mis ojos;
        sirenas y canciones, tus palabras;
        olor a caramelo, palomitas y churros, nuestros per-
        fumes;
        casetas y más casetas, nuestras películas un sábado
        noche de feria.
        Hombres y mujeres son las atracciones verdaderas.
        Y termina la fiesta y camina la noche,
        cada cual por su vereda recordando para siempre
        aquel primer día.

XCIII. Siempre nos sabe a poco
        acompañarlos en sus ritmos y sus tiempos,
        en sus rotos, en sus cuentos,
        en sus logros, en sus sueños,
        en sus idas y en sus metas,
        en sus ideas y en sus vueltas.

XCIV. Son lugares en mi vida,
solares que quedaron marcados
a mis alegrías y a mis heridas,
donde solo ahora hay ruinas.

XCV. Soy la derrota del que se ve torpe y se siente tonto,
el fracaso es un enfermo que quiere destruirme,
el cuerpo se deteriora y los amigos se cansan y escapan.
Todos buscamos sonrisas sabiendo que son medias… sonrisas.
La otra mitad nos importa un carajo.
Y así nos repetimos
que hay que ser felices, que la vida es corta.

—¿Cómo estás?
—¿Bien o te lo cuento?
—Me alegro de que estés bien. Hasta otra, compañero.

XCVI. El valor de tu amistad no es un café,
es bebernos el tiempo que dura.

Un café contigo es todo un privilegio;
así, de lo pequeño, lo inmenso.

XCVII. Vivir la vida
como cuando la concebimos llenos de amor
bajo un manto cubierto de estrellas en verano,
y como testigo, la luna llena, nuestro cobijo.

Vivir la vida al despertarnos
sobre un verde en calma, seco.
Nuestros cuerpos desnudos, impregnados
y entrelazados por pies y manos,
y la brisa de las mañanas alegres.

Momentos eternos,
infinitos errantes.

XCVIII. Eres mi confidencia más hermosa;
eres la trastienda y mi trascendencia;
eres, lo que siendo yo, tengo.

XCIX. Me levanto cada mañana
escuchando pájaros en mi cabeza.
Entre locura y belleza.

C. ¿Hay algo más bello
que el perfume de las energías?,
¿de las fragancias que los cuerpos emiten?,
¿de los olores que dejan el rastro a tu paso?
¿A qué hueles cuando caminas?

Yo inspiro fuerte y luego suspiro
al sentir como penetra tu esencia.
Eso es todo y el todo.
Bálsamo.

CI. Son vuestras melodías, ritmos y letras
un puñado de emociones
que asoman y pasean, pasean

entre vosotros y yo; la vida.
Sois regalo que me llevo puesto.
Entre vosotros y todos… bailando.

CII. Luna, eres trinidad absoluta.
Te quiero toda,
creciente, menguante y llena.
Así, mirándote, escapo del pasado
cuando es agujero negro.

CIII. Saludos a tontas,
saludos a idiotas
que sin saber se tuercen, se retuercen
o se estiran como un palo de escoba.

Saludos pasajeros con cierto desprecio
sin motivo te dieron,
superfluos fueron.

CIV. ¿No te das cuenta de que flotamos en el universo?
La gravedad nos agarra a la Tierra.
Así somos,
polvo de caminos, de estrellas.

CV. Es mi sorpresa
y mi ver alocado donde nadie comprende
la mayor de mis certezas.
Ese es mi yo desatado.

CVI.	Con la copa en mi mano,
	la copa más vieja que tengo,
	brindo y levanto mi otro brazo cansado
	por los mismos deseos de siempre,
	deseos cansados y renovados. (*Brindis VI*)

CVII.	Hoy tengo ganas de hablar
	de aquello real que parece imposible,
	mezclo cordura con locura
	leyendo lo ilegible.

CVIII.	Nacemos con polvo de estrellas,
	vivimos embarrando caminos
	y morimos siendo misterio.
	Y vuelta y vuelta y vuelta,
	y no comprendemos;
	en lugar de girar y girar,
	nos enredamos.

CIX.	Instantes insignificantes,
	momentos eternos,
	infinitos errantes,
	lugares de ensueño.
	¿Es posible la vida?

CX.	Soy un hombre que escupe versos,
	que navega sin un lugar donde descansar su torpeza
	y dormir sus errores durante un instante.
	Sé que los mares y los vientos
	me llevan a ninguna parte.
	Continuar mi travesía me hace mendigo del aire.

Tan solo con que sigan mi vista me vale;
algún día, tal vez, quién sabe.

Mientras, solo yo y mi fantasía
y los pocos que me regalan su cercanía,
que no es más que sus almas junto a la mía.

CXI. Al final queda el plazo pretérito
de aquellos que han entregado su tiempo.
A veces me siento tan solo…
Es mi existencia entera,
que nadie guarda
sin recuerdos ni esperas. *(Tiempo V)*

CXII. Clasificamos los momentos
repitiéndolo todo como un salmo
o como una rueda rutinaria.
Compartimentamos el tiempo
unidos a nuestros afectos y costumbres,
que una y otra vez repetimos cansinos:
nuevo curso, Samhain,
Navidad y nuevo año,
primavera y carnavales, verano…

Damos vueltas y más vueltas
perdidos en la rutina del «pague usted y disfrute»,
«celebre de puertas afuera», «sea feliz, que hay muchas fiestas».
Yo inocentemente quiero
caminar en línea recta con obstáculos,
con propósitos y retos con los que crecer.
¿Giras o caminas?

CXIII.   Los que estáis de veras sois mi fortuna.
         A los que estáis tan cerca
         os siento a beso loco como el loco imagina el beso,
         os huelo a la tierra mojada y al césped recién cortado.
         La vida, a pesar de la distancia, riega;
         os oigo a gran Beethoven,
         os veo a Stevie Wonder,
         os toco a Manos Tijeras.
         Es lo que nadie comprende.
         Sabéis a cena santa en esta mesa solitaria.
         Nada, tan solo eso, nada lo es todo;
         todo, a fin de cuentas, es nada.
         La nada es el viento y mis momentos.
         Eso es el modo.

CXIV.   Pasa la Navidad,
         la vida continúa salvaje.
         Bueno o malo, se quedan a granel y al peso
         las nanas, los salmos, los cantos de guerra y fúnebres,
         cantos al alba, danzas al fuego,
         cantos de sirena y, qué sé yo, hasta villancicos aún
         quedan.
         Tintinea, canturrea el presente alocado.

         Durante la Navidad la vida continúa salvaje,
         tal cual la siento desde la cama, desnudo.
         La Navidad se marcha y retoma el pasado,
         y me traga el mañana desde donde lo dejé parado.
         (Navidad VII)

PARTE SEGUNDA

Poemas de extensión mayor a quince versos.

Lo demás lo dejo reservado para tus sueños, emociones,
cuentos bonitos, historias en las que pasas a ser el centro.

Es la poesía para mí un círculo abierto
que el lector cierra y todo se torna verdaderamente cierto.

DESCONOCIDOS

Muchos ahora
al verme me saludan de lado y sin interés,
sin intención.
Es como quien saluda despistado.
Es un saludo de paso y de soslayo,
pasan de pasada,
siguen caminando como si no supiese
que me están ignorando.

Estos versos son de desvelo.
Quiero silencio, soledad. Tengo ruido.
Muchos ahora hacen que me sienta tan pequeño
como miserables los siento a ellos
entre su estúpida majestuosidad.
Ante el capote, siempre pierde el noble.
Los que un día fueron
hoy no los son ni ya lo quiero ni un instante.

Ni son mis conocidos
ni son mis cercanos.
Son muertos presentes de momentos pasados.
Son tren perdido habiéndolo cogido,
vía muerta,
andén olvidado
y, aun así, caminando,
yo caminando.
Vagabundo que me siento de paso
y soy pasado entre algunos que fueron cercanos,
así pasado muerto para mí.
Es triste, pero franco.

DUENDES III

Los duendes me miran,
la vida es nuestro viaje,
es la sabiduría del trayecto para quien sabe verlos.
Un café es un encuentro regalado en el tiempo;
lo cotidiano transformado en trascendente,
cercanía que la poesía entrega,
y los duendes la hacen consciente
alrededor de lo nuestro.

En cada instante,
los duendes nos hablan,
esos que me mostraron
su lado del misterio pacífico.

Los duendes los llevo presentes
porque los he traído conmigo
y están como velando.
Así es la otra cara de la vida,
yo fui un duende reanimado,
así los conocí,
y los tengo al lado susurrando.
¿Quiénes son los duendes mientras miramos?

SONRISA SOLITARIA (Microrrelato)

Yo subía al tren desasido cada día para ir a Santiago. Siempre se repetían las mismas acciones, muecas y ademanes distantes entre los pasajeros; reconocía a las personas por nuestro trayecto en soledad. La soledad, un robot, una ruleta que gira y gira. Las conversaciones obligadas para pedir un asiento se expresaban con una mirada dirigida e intencionada. Un golpe que despertaba del letargo de la espera.

Bajaban veloces y hastiados al trabajo. El tiempo corría también en silencio. La vida camina rápida y pesada en esta sociedad ciega.

Observaba triste. Imaginar era una oportunidad tonta para humanizar, empatizar. Frenar.

No todos los días eran iguales... Oh, el viernes todo el mundo corría a su vuelta. El vivirlo no les transmitía más felicidad, solo un caminar más ligero y ansioso, una salida más impetuosa. Una carrera digna.

Un día en el tren, una mujer sonreía serena sabiendo que la magia eran momentos, gestos cotidianos y sencillos regalados y encontrados. Nos miramos cómplices. Era hermosa verdad. Nunca más la volví a ver. Siempre quedaron mi pregunta y su energía.

Sonrisa solitaria en medio de la masa, abonas, riegas. Me regalaste tu mirada contagiosa. Tu valor no fue tanto el ver como el brillar. Quisiera conocerte, tu sonrisa siempre permanecerá intacta.

ARDO

Arde mi corazón,
los corazones dejados me siguen haciendo arder.
Arden mis proyectos y mis sueños,
arden mis fracasos,
arden mis desengaños,
mis pasiones también arden,
mis amores platónicos,
mis imaginarios,
los ciertos y los dañinos arden.
Arde mi vacío, mi silencio
o el no sentirme nadie o no serlo.
El sentirme lleno también arde,
saberme sencillo y querido arde,
mi paz arde como cobijo,
mis ilusiones arden,
también mis desengaños y mis sorpresas.
Las personas siempre sorprenden tanto…
Ardo al dejarme sorprender,
en mi inocencia ardo,
en mi complejidad ardo.
Cuánto arde mi ego.
Mi cielo arde,
arde mi oración,
arden tanto el cielo como el infierno,
todo menos el purgatorio arde.
¿Y tú?
¿Estás tibio o ardes?

ESPEJOS

Camino entre mis espejos
son las calles, las gentes,
sonidos, olores, pasiones,
rencores, golpes, caricias,
los tiempos pasados,
los remotos y los terremotos,
los pacíficos y placenteros,
los pacientes también
por ser tiempos enfermos entre la calma.

Camino entre duendes,
son mi fuente,
el espejo los refleja de frente.
El futuro también se refleja sin haber llegado.
Lo que veo frente al espejo a tiempo presente
también es mi reflejo.

Yo no soy
ni lo que me veo,
ni lo que me creo,
ni lo que me deseo.
Solo un hombre entre reflejos.

Yo no soy tonto,
tal vez algo corto.
¿Y los sueños?,
¿cómo son los sueños
en medio de tanto reflejo?

Camino entre espejos;
son la vida reflejos.
Duermo cuando ya más no puedo,
adormecido me imagino entre amores.
Los amores me deslumbran;
es más, me ciegan.
Son reflejos que no cesan.
Eso son, reflejos.

El amar la vida lo es todo.
El morir entre ella el modo.
Qué más da morir mañana
si hoy lo di todo y por hoy no queda nada
y ese nada fuesen reflejos.

POETA Y PAYASO

El poeta y el payaso
rezan desde las fosas comunes.
También se rebelan y se retuercen,
se saben heridos de muerte.
Ambos con las emociones
revolucionan la vida,
ambos saltan atrevidos.
Siempre hay una función o un verso
con los que saltar a la pista.

El payaso bendice el llanto y la risa,
y el poeta escribe la oración
que ambos rezan.
Una luz de candela ilumina la belleza
de un circo que se descompone.
La vida es el circo donde el payaso y el poeta
son temidos, heridos, apartados.
Pocos comprenden a los poetas y a los payasos.

El payaso hace sonar atrevido su bocina,
el poeta usa con intención su voz
mientras alguien siempre
sigue haciendo trucos desde el trapecio.
Desde el trapecio se venden fáciles emociones con red
sin saltos mortales.
Al público se le maneja
en ese vaivén que adormece.
Al público se le duerme desde
el ritmo del columpio.

Payasos y poetas
saltan a la pista, regalan emociones.
¿Cuánto cuesta una emoción?,
¿qué precio le pones?
Pero el mundo mira hacia el trapecio.
Más volteretas sin saltos mortales,
siempre con línea de vida,
más aplausos
y ese vaivén que tan bien adormece.
Antes no llevaban red los del trapecio.
Ahora solo el poeta y el payaso
corren peligro sobre la pista.

CAMINO

Soy un hombre que camina
por senderos erróneos,
errante que reposa
en encrucijadas dolosas.

Errante entre mil errores
que desembocan en las plazas
de los aciertos cortos
y fugaces tiempos alegres.

Son mis zancadas
un cúmulo de tropiezos
que soportan un qué sé yo dentro de mí,
un todo dolido, dañino, duradero.

Cuando llego a puerto bueno,
las emociones brillan, se iluminan
en este mendigo de los momentos.
Los momentos caminan conmigo como aturdidos.
Nunca saben a dónde los llevo.

Así camino sin destino,
así camino con destierro,
así camino sin reproche,
así camino con mi día y con mi noche.

LA MUERTE

La muerte es inquietante,
sabe ganar terreno,
es demoledora
ante los tiempos muertos,
tal vez deberíamos llamarlos
tiempos de muertos.

Esos tiempos de amores lejanos
de traiciones y devastadoras relaciones…
La muerte pasa a través de los hijos
cuando me siento padre, pero sin hijos;
cuando me siento mal padre con ellos;
cuando siento que alguien perverso
me los ha secuestrado de por vida.
¿Vida? No, es la muerte la que acecha.
La muerte me acompaña viviendo con mi sombra.
La sombra y la muerte se entienden a menudo.
La noche también se hace cómplice de la muerte
cuando la cabeza no hace más que recibir
desasidos mensajes que me consumen.
La muerte es inquietante,
cada vez la acepto mejor.
La espero.
Es la vida la que más daño me hace
cuando me encuentro frente a lo más amargo
y lo más amargo cada día es lo más frecuente.

SONETO (alejandrino) TORRE DE HÉRCULES

Faro que me iluminas, en mis duros momentos
orgulloso palpitas, es tu pulso la entrega,
el ritmo que hipnotiza, como un aspersor riega
mi vida y mis pasiones, desamores a cientos.

Eres luz centenaria, testigo de mil vientos.
Eres toda mi historia, eres defensa ciega,
ciudad que es tu leyenda, historia que no niega
tanta sangre y asedios, locura entre tormentos.

Eres inmarcesible, identidad y brillo,
la puerta hacia los mares, ventana del suspiro,
silencio compartido, los muertos con gatillo.

La vida se relaja, la paz cuando te miro.
Soledad del amante, amor que nunca pillo,
de día compañía, de noche mi retiro.

LETRAS GALEGAS (Variante de las del 2021)

Hoxe unhas verbas sinceras.
Hoxe unhas verbas que xogan ca retranca.
Hoxe unhas verbas brincadeiras
divertidas entre os nenos.
Terra santa.

Hoxe unhas verbas xeitosas
para a xente agarimosa
nesta terra nosa.
Hoxe unhas verbas comprometidas
coa sociedade afastada
que tanto ten que empurrar.
Ben saben cando suben
e cando os baixan.

Unha anciá facendo caldo
o nas súas leiras
fonte de tanto traballo
e a súa casa lóbrega
apañada ao pasado.

Hoxe unhas verbas morriñentas
ao tempo que foi,
á morada que se sinte a distancia.

Hoxe unhas verbas
que cheiran a herba mollada,
a queixo fresco,
a granxa,
a peixe,
a mar,
a lume en san Xoán.

Hoxe unhas verbas galegas
pretas e recoñecidas
para a xente que nada fala,
poñe o lombo e carga.

Hoxe unhas verbas galegas,
que este é día de lembranza.
Hoxe unhas verbas galegas
que hoxe é día de añoranza.

Hoxe unhas verbas galegas,
unhas verbas que danzan,
unhos versos que cantan
como cantou Rosalía
que foi a primeira deste día
comprometida ca palabra.

AIRE

El aire fresco
que regala el verano
ronda mis venas.

Es un cuento,
un ronroneo,
una sonrisa al viento.

Es la luz clara,
la añoranza amable,
el reencuentro.
Es tan sano y saludable…

Es la soledad acompasada,
acompañada por el cielo verde
y su danza alegre.

Es la noche con sed de mañana,
el día aclarado,
la claridad de las entrañas,
lo ya centrifugado.

Ojos limpios.
Eternos ratos.
Sonrisas sinceras.
Palabras certeras.
Caminos largos,
destinos que el viento mece.

EN PRESENTE ESTOY PERDIDO

En presente estoy perdido,
enfermo y malherido.

Pierdo el tiempo y no aprendo,
pensando en otros tiempos pasados,
en otros momentos fijados
en mi memoria emocional,
donde el pasado juega
con injusticia y quebranto.
Siempre pierdo pensando.

En presente estoy perdido,
enfermo y malherido.

El pasado salta a la pista:
«Juega, papá, es tan divertido...
Cuéntame un cuento,
así quedo tranquilo».

En presente estoy herido,
enfermo y malherido.

Pienso y pierdo la vida,
no hay repuesto,
entre ensueño y anhelo
el paso del tiempo.

En presente estoy herido,
enfermo y malherido.

Pasa la vida entre el hastío,
pesa la vida entre el suspiro.

EL BUEN SENTIR

El buen sentir,
el buen hacer,
el buen estar.
Todo ello, un buen ser.

Yo lo sé,
se abren los poros
cuando el corazón se relaja.
Por ellos entra y sale la vida,
lo valedero cuaja.

Yo lo sé,
se abren poros.
Se respira, se transpira,
se aspira.
Se suspira.

Fantasía, intensidad,
inocencia, locura.
Todo es necesario para darle sentido a la vida.
Sin ello me siento vacío.
Sin nada de esto no soy nada, nadie.
Todo es mi engaño,
me cuesta la vida,
me pierdo en un mundo que no comprendo.
Yo tampoco me comprendo.
Todo este enjambre me sublima y me supera,
me agarra y me domina,
me recrimina.

¿Qué es sino la mirada?
¿Desde dónde nace todo aquello que veo?
Es un mirar demasiado cruel sin anestesia.
¿Desde dónde me contemplo?
Es demasiado asesina la mirada
que me lanzo si no tengo
mi extraña magia.
Me siento extraño hasta para mí mismo.

Me arrastro
hechizado por mi estado,
otras vuelo alto y luego caigo.
Juego a matar y sangro
cuando estoy demasiado dolorido.
Estoy atrapado por la intensidad del segundo
que lo atrapo y lo robo o me lleva caprichoso
y me hiere por un tiempo a veces largo.

Es mi lucha,
vivo o muerto cada día.
¡Qué más da!,
si hoy vivo.
A la muerte la miro de frente.

DUENDES III

La noche va venciendo al sueño.
Es fácil perderse entre melodías y poesías.
Mis ángeles necesitan caricias.
Ellos también se cansan y duermen en mi desvelo.

La noche vence y me dejo quedar con ella.
Morfeo no viene.
Hoy los dioses prefieren dejarme solo.
Me gusta sentirme así, tan verdaderamente yo.

Soy un plebeyo amigo de los duendes.
Algunos, traviesos, se ríen de mí;
otros juegan conmigo mientras mi cabeza se deja llevar.
La noche es el tiempo de mis duendes.

De día se vienen conmigo,
pero muchas veces descansan y no los encuentro.
Los duendes también necesitan descanso.
A veces son ellos mis pasos, mis miradas,
mis palabras, mis gestos.

De noche despiertan, se acercan,
se meten en mi cama
para contarme cuentos buenos.
De noche acechan tormentas.
Mis duendes saben bailar sobre ellas.
Y yo dejo que la noche venza
porque en la noche despiertan los duendes.
Y entre los duendes soy más yo que entre las gentes.

AMORES IMPOSIBLES

El amor imposible
se escribe en minúsculas,
con faltas de ortografía,
frases sin verbo e incompletas,
puntos seguidos siempre
y bien unidas sus letras.

Se escribe en color verde
como Neruda sus versos,
pero al amor imposible
sus frases no se entienden.

Entre ellos se entrelazan
en su caligrafía extraña
y los críticos critican
y los amores se aman.

Algunos comienzan un folio;
otros, uno ya ocupado,
pero saben quedar sabiamente grapados.
También abren una puerta a una historia
o nace otra que parte de dos rotas.

Todo se escribe raro
a los ojos del hombre que lee sin saber
que el amor es un poeta
para algunos extraño,
para otros lejano.

¿Y la tuya?, ¿cuál es tu letra?
Seguid escribiendo.
Amor y poeta.

MENDIGO

No hay nada más triste,
no más honesto
que ser mendigo
rezando y bebiendo solo
una noche tras otra
o entre tinieblas
donde toda la basura
se instala en el motor de mi vida.

Rezar a la santa pena
con el rosario de las bebidas locas
y con el salmo de mis copas rotas.
La vida es también un dios
al que emborracho.

Hostil es mi realidad
en la que no creo y pordioseo
acompañado por un brindis a lo incierto.

Hombre solitario, beodo,
la noche es tu verdad, es compañía triste y voluntaria,
se apacigua con un qué sé yo, qué más da todo.
Me acurruco
sin saber esconder mis miserias ni emociones
en medio de esta fiesta que es la vida,
que la siento tan propia como errada.
No importa la caída si es rápida.
La noche me lo dice así y la siento tan amiga como peligrosa;
sin embargo, la mañana
golpeará todavía más mi día.

PADRE

Estar detrás sin saber cómo,
sin saber cómo atravesar el viento
para ir a un lugar incierto.
Me quedo anclado en el bravo mar de mis errores.
Tengo frío, doblo mis horas de pena,
salgo al encuentro vacío
sintiendo la soledad de ser padre.
Queda estar detrás. Esperar.
No saber. Sentir sin vivir.

Sin charlas de futuro
ni consejos de este viejo inmaduro,
sin ser hombro en el presente,
con mi mano cegada, oculta,
entregada y persistente;
sin regalar las experiencias
ni el dolor de la consciencia.

Soy una sombra,
tormenta que no cesa,
mirada lejana que imagina triste,
que ruega encuentros
y nunca se acercan.

ELEGÍA DEL PAYASO

Lo llevan elevado
entre hombros tristes
como los del corazón del payaso,
que ya no golpea ni hace frente
ni a su vida ni a su calvario.

Sonrisa que fue posada,
zancada que fue pisada,
desprecio que fue morada,
juventud robada,
inocencia dañada.
Ya todo esto poco vale o nada.
Todo recuerdos;
los mejores, tus payasadas.

Paso triste para el payaso dormido
entre bengalas.
Los hombres llevan su caja cerrada con una ventanita
por la que se ve al payaso soñando con circo y con pistas
rodeadas de aplausos de niños felices y padres orgullosos.
Sobre el ataúd, su traje y sus zapatones.
Este es el último camino hacia el túnel bendecido,
los niños así lo han querido.
Es el último paseo
por el *boulevard* de las sonrisas,
el último verso escrito.

POETA

No busca, es.
Es aire, brisa, fuego,
danza entre tinieblas,
zancada peregrina,
disparo, susurro,
lágrima callada o gritada,
salto, barricada,
luna amada,
asfalto, pisada firme,
barro, caída, mancha,
maldiciones, estrofas,
ritmos, canciones,
odas, elegías,
salmos, aforismos, vidas.

Te llaman *veleta* entre
palabras, versos y letras.

DÍA

Regalo, revelación, enseñanza.
Disfruta con tu alegría
cuando lo acoges con energía,
cuando de mañana lo abrazas
y con objetivos lo ensalzas.

Te ama; sin verlo, te acaricia.
No hay más cercanía que el día.
Fiel cada hora desea tu mejora.

Cuando estás mal, se alarga.
No desea dejarte en penumbra.
En las malas te acompaña
aunque lo dejes en la sombra.

Es tuyo más que de nadie.
Aun cuando lo descuides,
lo rellenes,
lo repruebes…,
eterna compañía,
o lo acompañas o lo pierdes.

Hay quienes con su toga le ponen la soga
para que entre tu pescuezo
y el día, mientras tanto, por ti aboga.
El día te entrega sus horas para esconderte.
En ti, energía,
el día mora.

ADVIENTO

Estamos en Adviento
preparando la Navidad.
Vivir en paz
tal vez no sea fácil,
desearlo con fuerza
ya es un mirar.

Es buscar donde hay brasas
y encender las antorchas.
Luz y calor.
Siempre hay brasas, siempre.
Mira a tu alrededor.
Aunque uno pueda caminar solo,
aunque sienta que nadie me sigue.
Es comenzar por la paz interior.
Preparar Navidad es ensayar.
Para ensayar: saltar y saltar.

PERSONAS TOGA

Personas con toga
ahogan el motor,
es latir con dolor
que aguanta con pesar respondiendo con locura
o ignorando lo que crispa.

La toga hipócrita
por detrás juzga sin sentido.
Se mofa, acusa,
busca afluencia para amplificar su sentencia
y darle credibilidad.
Esparce las plumas de un ave
al que no se le permite el vuelo,
así el ave no vuela
y nunca podrá recoger todas sus plumas,
por ello se hace asesina.
Sacude la vida ajena y entretiene la propia
a golpe de palabras lanzadas con malas intenciones.

La razón, impostada;
el juicio, ligero.
Escupe su flema pesada, asquerosa.
¡Babosos!
Es la baba de la hiena disfrazada de león.

¡Oh!, mi palabra..., la palabra.
Mi palabra calla por no saltar alocada e hiriente
porque luego en mi reflujo me daña más a mí que a nadie.
Callar en medio de la pasión es terrorífico.
Escribir versos me devuelve la certeza
entre la agonía que el condenado siente.

La toga. Sombra para mí.
Hombres, mujeres llenas de razón
que se escuchan a sí mismas
por las calles que son sus estrados.
Se hacen saber luz, razón,
y yo respondo en medio de un sinsentido:
«La toga mueve la soga,
cuidado,
de luz y color» a gris.

NAVIDAD III

Es tiempo de amor y bendiciones.
Tiempo de alcohol y turrones
entre canciones de amor.
Buenas intenciones,
entre villancico y villancico,
discusiones.

Tiempo de verse y desearse
entre verdades en las tabernas
y mentiras entre las piernas.
Entre tanto, buenas cenas.

Es tiempo de conquista
por un año que entra.
Del que ya termina
nada vale, se tira, se desdeña.

Tiempo donde se extraña
la vida pasada... ¡Oh!
Navidad son los recuerdos,
recuperar la inocencia.
Madurar es dictar tonta sentencia.

El corazón se vende en los anuncios
y los encuentros pierden su belleza
con deseos ya sabidos de antemano
cuando lo correcto penetra lo justo.
Entendidos nos hacemos como siempre,
y más en estas fiestas,

hasta de la muerte
aun cuando esta no tenga sentido.

La guerra se acerca
y en Navidad mentimos también más de cerca
y todos callamos y todos rugimos
como callan las ruinas y ruge el soldado.

Frentes en lucha.
Frío, noche, comida la justa,
hambre y sed,
de justicia morir también.

Es Navidad, hombres solitarios,
solo Dios os aguanta
porque la sociedad dice
que no os aguanta ni Dios.
Navidad, es más desierto
para el hombre cierto.

¿Es Navidad?
Es verdad.
Lo canta alegre la tristeza,
lo baila agarrado la soledad,
la caldea el frío,
la ilumina la penumbra
y lo grita el silencio.
Es Navidad, el sinsentido.
¿Es Navidad o solsticio?
Es Navidad,
solo y sin juicio.

ENTRE NIÑEZ Y ADOLESCENCIA

Tú eres el ángel que yo guardo,
el tesoro de un tiempo pasado,
el no afeitarme por vergüenza,
el cantar a todo trapo y sin prudencia
como si nadie me escuchase,
el bailar con rigidez en los guateques
y las hermosas pequeñeces
como que un *jeep* militar
resulta ser una caja de zapatos,
y una comida familiar,
un imaginar que terminen los malos ratos;
no estudiar, el estudio, un sinsentido
pasando las horas de hastío;
no saber qué quiero en mi vida
porque ninguna profesión
es un propósito ilusionante;
el ver nevar ya casi a la veintena
y entre mi vida imaginaria
ir día a día a la escuela.

YA NO ESTÁ

Murió para algunos sonriendo,
para otros rezando,
para otros llorando.
Todos encontraban en él verdad.
Se encontraba siempre
entre lejos y un más allá.

Más allá de sus pasos
caminaba con todos,
más allá de sus sombras
expresaba la luz que el mundo no da,
más allá de su vista
se encontraba un farol solitario.

Peregrino lo llamaban,
otros *amigo*,
sin no saber su nombre, ni edad,
ni lugar de nacimiento,
ni quién era en realidad.

Peregrino en medio de la nada,
a veces el más perdido
es el que nos ayuda a llegar,
y hasta lo que no encuentra y tanto desea
en cualquier tonto encuentro nos lo da.

CAFÉS

Dónde están los lentos aromas,
el serrín muy pisado,
el sonido de las partidas de cartas,
el dominó con palillo en boca,
el debate sin hora,
las meriendas de niños,
los lectores a solas.

Adolescentes de tarde
con su refresco y con su ilusión cercana o rota,
el olor a trabajo duro,
coñac y puro,
perfume y Nenuco,
la mirada solitaria agarrada a un vaso,
las chicas que no hacen caso,
el lugar hogareño, variopinto, conocido,
curioseable,
observable con tiempo para cada verso,
rico en matices lentos,
aromáticos todos ellos.
Entre camareros y clientes
Entre historias, vidas y puentes.

El café exigido veloz, el de ahora,
hecho a trompicones con prisa
para luego tomarlo el usuario despacio
o sin degustarlo recomponiendo así la nada.

El cobro rápido y exigido
que entrega a unas manos ciegas
que ya están pensando en el siguiente trato.
El cliente con prisa para salir
luego en la puerta hablará despreocupado.

La exigencia
ya no huele al café despacio.
La calma deja paso a olor a extraños
que se conocen por sus costumbres rígidas.
Entre camareros y clientes,
pasos rápidos, caprichosos,
aromas fugaces se sienten.
El observar despacio
el espacio del osado.

DESTINO Y CAMINO

Siempre hay un paso.
Confirma y conforma el destino.
Son mis pies los que revelan
el púlpito, pálpitos en mi latir,
pensamiento lanzado al viento.

¿De qué me sirven los pies
sin un impulso que salte los charcos
o que caiga en ellos para salir de ellos
aunque sea mojado?
¿De qué me sirven los pies
si no es para seguir caminando
después de resbalar en el barro?

Salir de todo honroso,
otras dolido, otras orgulloso.
Salir, seguir, entrar y saltar…
Sin camino no hay destino.

EL VIENTO DEL OLVIDO

El viento del olvido
vuelve al cruzar la frontera de las sombras.
Vuelve la galerna del olvido
con bandera pirata
para traer las penas pesadas
y asaltar al abordaje mi navío,
que llevan los vientos,
que no se acoge a bandera
porque se sabe de nadie.
Se lleva mis historias hermosas,
todo lo bueno lo roban los piratas del pasado
cuando aparecen las borrascas
que creía postergadas.

Galerna del olvido,
me robas mi hermosura.
Soy un andrajo que te viste a ti, monstruo.
Galerna de todos los tiempos,
traes contigo mis fantasmas,
que alimentan mis apesadumbradas mañanas.

DUENDES

¿Crees en los duendes,
esos que son energías,
recuerdos vivos entre tus muertos?
O en esos vivos
que al caminar se paran
entre tus ilusiones muertas.
Esos que también llevan el calzado manchado,
que vienen sofocados, crispados, erráticos,
pero te hablan de que puedes con tu camino,
que la vida es paraíso y no lo entiendes.

Siento duendes entre muertos.
Siento duendes también vivos.
Unos u otros,
energía que percibo.
Unos son mis ancestros entre mis quebrantos,
otros son el presente entre mi yo lastrado.
Siento tanto… y poco hago por honrarlos.
Son mis duendes, son mis santos,
son mis versos, son mis venas.

Entre la vida y la muerte,
entre mis pies y mis manos,
entre el despertar que no puedo
y el dormir, que tampoco,
no hay más que duendes
y seres malvados.

INVIERNO

Invierno.
El tiempo se congela.
Borrasca.
Llueve sobre mojado.
Tonos grises.
Matices en penumbra.
Pena.
Vida tonta. Malgastada.
Remover las cosas. Nada.
Cantan villancicos,
yo los lloro,
son la llave que no abre,
persiana que rompe y no sube,
ventana rota.
Entra ventisca.
Ni hay calor ni hay nadie.
Entre sombras la pena acecha
y la luz tenue permanece
y la luz llega entre duendes y amores.
Siempre imagino, imagino, imagino.
Así paso la vida y me aíslo.

POESÍA

Ardo en el fuego de las pasiones,
en el fuego de las denuncias,
en el fuego de los amores,
en el fuego de las caricias,
en el fuego de los poderes,
en el fuego de los disparos,
en el fuego de los solitarios.
Ardo en las fiestas que destapan amarguras,
en las bodas conseguidas con engaños,
en la masa que son como figuras,
en felicitaciones borrachas en los fines de año.

Arderé en todos los fuegos;
luego, calcinado,
el viento me esparcirá por los caminos,
me elevará hacia los astros
hasta tocar la luna
y esconderme entre brujas.
Se hablará de mi especial sentido,
se me buscará,
respirarán lo que de mí quede
y luego dirán que soy poesía.
Me reconocerá el que escribe y versa,
dirán que está llena de magia mi letra,
pero nunca sabrán de dónde nace
porque la poesía no la crea el poeta.

VUELTAS Y VUELTAS

Cuántas vueltas da mi cabeza,
cada vez más lejos de ninguna meta,
cada vez más cerca de cualquier lugar.

Cuántas vueltas da mi cabeza,
cada vez más lejos de una respuesta,
cada vez más cerca de preguntas sin resolver.

Cuántas vueltas da mi cabeza,
cada vez más lejos del que todo lo sabe,
cada vez más cerca de que el conocimiento es escuchar.

Cuántas vueltas da mi cabeza,
cada vez más cerca de las sonrisas profundas,
cada vez más lejos de risotadas sin más.

Cuántas vueltas da mi cabeza,
cada vez más cerca de caminar observando,
cada vez más lejos de mirar atrás.

Vida, muerte,
mentira, verdad.
Vueltas y vueltas
de lo telúrico al cielo
y vuelta a empezar.
Estoy harto de cuentos ciegos,
de pesadillas sin despertar.

Cuántas vueltas y vueltas
entre estrechos que todo rechazan
y entre aquellos a los que todo es igual,
y todo esto
al mismo tiempo, la misma persona
sin juicio de inicio,
sin juicio final.

Candonga entra y juega
meciendo el pensamiento,
dejando un hálito brumoso,
voz queda, grito ahogado.

Cuántas vueltas da mi cabeza,
santidad, existes y estás.
La emoción desajusta entonces,
demasiado alto es el vuelo;
ante lo bello,
qué más da perder la dignidad.

Cuántas vueltas da mi cabeza,
cada vez más cerca de perder el norte,
cada vez más lejos de la homogeneidad.
Cuántas vueltas da mi cabeza,
cada vez más cerca de todo lo incierto,
cada vez más lejos del qué dirán.

Vueltas y más vueltas,
que por llegar a la meta
no se hace el peregrino,
sino por girar y girar.

CANTO

Se hizo la noche escuchando,
el mar se hace sonar
y yo con él meditando
sobre la vida y mi despertar.

Es noche y los astros brillan,
siento que no iluminan igual;
hoy las estrellas son mis candelas,
compañeras de mi soledad.

El tiempo pasado vivido,
la experiencia de todo el pesar,
la alegría que fue compañía,
todo lo expreso con este cantar.

El día comienza viviendo,
cada día un vuelvo a entregar;
entre Gaiteira, Los Castros y Oza
siento las ganas de ser y de estar.

La noche es la luna bonita,
la vida es mi estrella en la oscuridad;
entre Gaiteria, Los Castros y Oza,
contigo mi calma, presencia y verdad.

El tiempo pasado vivido,
la experiencia de todo el pesar,
la alegría que fue compañía,
todo lo expreso con este cantar.

El paso del tiempo se estrecha,
el paso del tiempo se va,
el hoy disfrutando el momento,
es mi propósito el que tengo que dar.

Mantener las raíces con fuerza,
el saber desde dónde comienzo a llegar
y el ver mi futuro entre risas
o con paz en mi realidad.

El tiempo pasado vivido,
la experiencia de todo el pesar,
la alegría que fue compañía,
todo lo expreso con este cantar.

DESPEDIDA

Me pueden quedar veinte o treinta años de vida sabiendo que a la mayoría de las personas a las que quiero, porque las quise o porque las quiero, no las volveré a ver.

Si es así, será el momento de despedirse. La gente se va sin despedirse.

También vendrán nuevos encuentros. Nunca se deja de conocer. Conocer es saber cómo hacerse entre dos. Conocer nuevas personas es moldearse uno mismo.

Recordar los queridos vivos que la vida separa y dejarse hacer por los nuevos que la vida regala es una de tantas contradicciones humanas. Yo las susurro pensando y las dejo estar sin saber bien cómo hacer.

Vida y muerte en una balanza. Mientras, mis duendes me esperan recordando que el tiempo y la vida desnudan el alma, cardan la lana, desmontan razones, anhelan momentos, lloran recuerdos, emocionan instantes, hacen nudos y sueltan amarres.

Mis duendes, muchos tienen nombre y son energía. Pienso en la muerte. Mis duendes me dicen que es una feliz manera de vivir el presente. Cuando llegue el momento, me gustaría estar calcetando lo que toque.

Cada día, más día de día y más noche en la noche mientras las estrellas han aprendido a brillar entre luces y sombras, y yo así dejarme hacer sin carta astral, sin brújula, siguiendo el instante que late. Eso es desorden, es cierto, pero mi latir es tan constante...

Así seguro me iré sin despedirme más que unos pocos, o tal vez de nadie.

Me acuerdo tanto de vosotros que me cabe cada día más el amaros y así llenarme y llenarme.

Tengo tanto que aprender como tanto por olvidar, tanto que mejorar como tanto por errar.

Este tonto, tuerto, cojo, jorobado, intenso y siempre cierto en el momento y luego se equivoca mucho; este que se muestra como medio yerto o demasiado loco, muy intuitivo, que mucho calla y que, regalando, regalando, piensa que embauca, se despide así tontamente, como escribe,
para que solo los que lo quieren valoren sus palabras.

CUANDO

Cuando
el poeta no encuentre suburbios,
ni las canciones la soledad,
ni la melancolía sus calles vacías,
ni el bohemio sus tiempos sin hora,
ni los perdidos sus días sin más.

Cuando cierren las puertas a un beso
entre dos que se quieren ver y tocar,
cuando exijan tener reservado
el contemplar la luna en verano
o caminar de la mano
entre dos, el sexo es igual.

Cuando escondan recuerdos de niño
o cobren por coquetear,
cuando la luz no de sombras
y las sombras se entierren sin más,
cuando la gente se hable
con cara de selfi, autorretratos
o relatos,
«ya ves, por aquí,
yo bien, ¿y tú?, ¿cómo estás?»,
«yo bien, como siempre»,
hasta otra y vuelta a empezar.

Dejad que arrastre mis pasos pesados,
no quiero así ni quiero ya más,
y además la calle ya no es calle
porque el mundo calla mirando
una pequeña pantalla de un celular.

Que el miedo
se escape del verso que canto,
del error del ayer que me hizo aprender,
del regalo del tiempo presente,
del legado de mis sinsentidos,
de mis miserias que me hacen crecer
y de un cuánto me esfuerzo
para nada o para qué,
y de ese siempre marino
y su volver, volver, volver.

Que las partidas sean un juego de amigos,
porque nunca nadie dejó de ser
el espacio entre poemas al viento,
canciones que conmueven
o retales de un abrigo
que el tiempo fue estropeando sin romper.

NAVIDAD IV

Imagino los cantos de un ruiseñor,
cualquier concierto en cualquier teatro;
por el contrario, el frío que pasa,
el que no tiene casa ni viejos amigos.

Imagino los grillos que cantan jugando,
luciérnagas haciendo el amor entre sus faroles,
la vida en familia, encuentros cálidos
mientras cuántos y cuántos
con una manta y con un caldo alivian
sus horas frías y sus destinos.

Alumbran felices las calles,
preciosos árboles que decoran las casas
mientras hay niños sin regalos,
su magia es la vida que se estira a empujones.

Suenan villancicos y cantan los críos
mientras en la plaza, sentado en el suelo,
 alguien semeja que toca una flauta
para hacerse ver y llevarse algo que no sea pasta o lentejas,
cenar algo que sepa distinto
y engañar a la misma pena un día de fiesta.

La tele nos dice vendiendo con la excusa de los valores
«vuelve a casa por Navidad»
mientras la soledad se hace más grande
entre tanta y tanta que existe cada día silenciada.
Mientras, es Navidad.
De eso os hablo.
Nada, es igual.

LUCÍA

Lucía suspiró
y se encendió la luz de la plaza
mientras imaginaba
una sonrisa grande
en la fuente de la sirena triste.
Seca. Olvidada.

Deseaba con locura,
como sus ojos miraban,
al crear historias alegres.

De camino hacia su casa,
su padre, los viernes, le compraba
patatas fritas en aquella plaza
como premio
por ser tan aplicada
durante la semana.

Entre zancada y palabra
ataba sus cuentos
al vientre de su mirada.

Vivía feliz,
suspiraba en la plaza
imaginando cuentos nuevos,
cuentos buenos
alrededor de la fuente seca
de la sirena triste. Apagada.

Un día,
al pasar con su bolsa de patatas,
de la fuente salió agua rica y fresca
entre el sudor de los niños
que jugaban a tiempos pasados,
se refrescaban,
unos a otros se salpicaban divertidos juegos
y aquellos recuerdos de ancianos.

Sonrió la sirena que se iluminaba
mientras brotó otro cuento
alrededor de la fuente de la que salía agua clara.

Lucía suspiraba, suspiraba,
y se hacía luz
por donde pasaba.

MIERDA

Hoy he puesto el noticiario;
como siempre, noticias de mierda.
¡Mierda!
Es tan completa esta palabra:
una persona de mierda,
una noticia de mierda,
un día de mierda,
una relación de mierda...
Cuanto más mierda en las palabras
y más mierda en las miradas,
más importancia tienen, más valor,
las historias y las personas.

Hoy no he dicho… «mierda»,
no he contado mierda,
no he sacudido mierda.
Me siento distinto a mi alrededor.
Con una mirada limpia, sin mierda;
mi boca, que no juzga ni critica,
produce en el oyente… caras de mierda.

Intento caminar con buen pie,
más bien limpio;
evito pisar mierda,
decir: «¡Mierda!»
y así soltar mierda.
Entonces la mierda me rodea con astucia.

La mierda no nos gusta;
nos gusta verla pasar, criticar;
escucharla nos atrae,
cotillearla, tenerla y pasarla;
hasta hace amigos cuando de mierda hay que hablar.

La mierda es muy valiosa.
Yo, cuando no tengo mierda, soy tan feliz…
Y la gente me mira así…, con cara de mierda.

Benditos telediarios de mierda,
benditas historias de mierda,
benditos cotilleos de mierda,
bendita tanta y tanta mierda,
bendita mierda… de mierda.
¡Qué felices todos entre tanta mierda!

NANAS

Hoy no puedo dormir entre nanas.
Vivo en una casa solitaria,
en ella aguardo a mis hijos,
los espero siempre,
pero la casa se mantiene fría en sus estancias.

No tengo calor en la casa.
Se aletarga el recuerdo,
la condensación
es la emoción pegada
entre paredes blancas.
Hoy no puedo dormir entre nanas.

Hoy no puedo dormir entre nanas
en esta casa grande alquilada
que cobra la renta de otros tiempos.
Hoy no puedo dormir
durante la espera de lo que nunca vuelve
y acepto el dolor como quien acepta la nada.
El dolor es tan profundo
como el eco es el silencio que se repite.
Hoy no puedo dormir entre nanas.

Un golpe, un portazo,
un «hasta siempre»,
un grito,
un insulto,
un vacío del que no brotan lágrimas.
Miles de llamadas y una cita.
Cada cita, un dolor porque la vida pasa,
un todo se escurre y se escapa.
Hoy no puedo dormir entre nanas.

NAVIDAD V

Es Navidad.
Todo el mundo se quiere tanto…
Encuentros.
Abundan felicitaciones,
repaso de listas,
exaltación, frases hechas, sonrisas dispuestas,
amables mensajes, gratuitos verbos.

Algunas veces los deseos
se quieren, pero de lejos,
porque los deseos distantes son menos ciertos,
otros deseos son verdaderos aunque estén lejos
y otros deseos son tan solo recuerdos
engullidos por el tiempo y los momentos.

Todo el mundo se quiere en Navidad
de puertas hacia fuera
o se juguetea en los infiernos a santidad.
Algunos quedan acogidos
dentro de esta fiesta sagrada;
luego se lanzan con una inocente, inconsciente patada.

Los tiempos son verdaderos
para los de siempre y en todo momento
deseos cerquita y buscando y entregando.
Los deseos auténticos
son los que más se callan.

Deseos,
entre juegos, palabras más o menos ciertas.
Protocolos, intereses, cortejos,
amores pasados, anhelos
entre momentos que lucen las calles,
falsos deseos, medios deseos,
borrachos deseos.

Deseos y más deseos,
palabras y más palabras,
bullicio,
luz, las mejores caras
y las grandes galas.
Ante lo más sentido,
sobre todo escuchad los silencios.
Es Navidad.
Se ama o se mata.
De eso se trata.

NAVIDAD VI

Escribo lo que el pudor cancela.
Aprovecho a soltar emociones
que el resto del año
se guardan entre la maleza de los días cotidianos.

Lo sencillo se hace trascendente,
cualquier detalle lo pretende
sacando de la chistera
el truco del valor de lo especial.

Se imposta la paz.
Oh, los deseos… ¿Son realmente verdaderos?
La Navidad es esa bella cicatriz
que representa valores
en los que algunos creen
y todos bailan mientras cogemos
una curva demasiado rápida que la pasamos derrapando,
la curva de la paz.

Defendemos con vehemencia el «¿cómo estás?»,
«¿cuándo?», «¿cómo?», «¿dónde?»…,
y juntos respirar un ritmo loco.
Paz en listas genéricas,
mensajes bellos y alegres en los envíos y reenvíos
una vez llenos los estómagos
y la mollera repleta de ruido.

ESO

Eso que ronronea a mi lado.
Sin sentido.
Ni valgo, ni sé,
ni salgo de esta marea,
mar de fondo,
corriente loca.
Pero, ojo,
si alguien se alegra, bromea con mi desvarío,
rasgo las piedras del lodo o me hundo del todo.

Eso que ronronea el final de los sueños
y me dejo ir sin brillo
y me convence
y me cautiva
eso que ronronea y ronronea.

Eso que me sabe convencer y me atrapa con trampa
sabe que mis momentos flojos, malos
son su fuerza y mis bloqueos su destreza.

Encontrar la paz,
ese silbido de una nana
que canturreo arropado en diciembre.
Y silbar, silbar, silbar…
Acurrucado me mezo.
Cierro los ojos…
Busco silencio.

POEMA

¿Está Dios detrás de un poema?,
¿son sistemas de escritura?
¿Cuál es su técnica? ¿Estudios?
¿Cuántos premios?,
¿expresión entre belleza?,
¿sutileza o disparo?,
¿epígrafe o noche interminable?,
¿contradicción?,
¿verdad, doctrina?,
¿mirada sin más?,
¿el orden en medio del caos?,
¿determinación ante las dudas?,
¿miedo, viento loco?,
¿metafísica?, ¿misterio?,
¿simpleza o trascendencia?,
¿lo divino o lo humano?,
¿es embrujo o farsa atrevida?,
¿tahúr que juega a combinar las letras?,
¿científico de las palabras bien puestas?

Todo lo que se premia tiene el valor de un juicio,
es el crítico que pone el producto bajo mercado
o en una palestra donde enciende un foco literario.

Me siguen sorprendiendo los silencios entre los versos,
el espacio en blanco que los versos callan.
¿Qué es un Dios en un poema?
¿Es lo completo frente a lo retórico?
¿El poeta es un creador?

Una lágrima fugaz,
ojos encendidos,
algo que indica que un poema perdura,
la piel se estremece,
la sangre fluye diferente,
la respiración nos dice
que es el poema
la inspiración de un suspiro relajado
o una inspiración densa
que suave espira lo que nadie sabe.

Versa a través de los tiempos,
de las culturas y sin cultura
tiempo, espacio, materia
en un solo segundo,
el que dura ese instante,
eternidad, trascendencia.
La piel desnuda versa.

LATIDOS

Cada segundo es un latido
que me vacía o me llena,
que me detiene o me lleva,
que me golpea contra la vida
o me eleva.
Eso me confunde tanto…

Y sé que a mis años
todavía me quedan
los poros abiertos y dispuestos
a sacar lo que llevo en mi mochila,
en mis adentros y en mis vientos.

Por mi sangre penetra todo
lo que el momento considera
y el poeta quiebra
y me ponen fuera de mí,
o me dejan en paz,
o me empujan sin más.

Por mi sangre rigen los latidos
de mis propósitos que pocos entienden
y que mucho aman no más de una docena.

Es la duda, inseguridad, lamento;
plenitud, arresto, fuego
de unos pasos despistados…
latiendo.

ES LO QUE ES

Es la sinrazón,
es el sentido común de las cosas,
el frío y el ardor,
la lucha y el desamparo,
el corazón que no se encuentra
en medio de tanto latir ajetreado
y se siente vacío.
Nada es el vacío, y todo, el abismo.

Cualquier chispa rebrota mi latido
y desborda mi vida
y entrego el paso
y bailo sin vergüenza
y me levanto.
Estoy tan solo
que es lo que es,
que es lo que hay,
con solo una palabra:
agonizo o me haces brillar.

POESÍA Y FLORES

Poesía y flores
son letras de colores
y espacios en blanco
que entre los versos recorres.

Salta la luz,
se hace clara la calle con tu clavel en la mano.
Qué fresco es el aire
y qué bien se juega así a las palabras,
como una alegre cometa que el corazón maneja.

La calle huele fresca,
son locuras,
son las curas de las flores y los versos.
Son los pasos de cada uno
caminando, caminando, caminando
calle arriba, calle abajo,
y entre medias tu saludo grato.

OJITOS

«¿Está el cielo muy lejos?»,
preguntó Celeste
deseando saber si podría acercarse para tocarlo,
mirando hacia arriba con sus ojitos claros.

«¿Y las estrellas?,
¿tan solo existen de noche
o permanecen al llegar el día?,
¿son todas fugaces?»,
preguntó Estrella
buscando en el cielo algún astro
con sus ojitos brillantes.

«¿Y la luz del sol?,
¿dónde se encuentra de noche?,
¿duerme y se despierta temprano?»,
preguntó Alba por la mañana
con sus ojitos bien abiertos y llenos de luz.

Celeste, Estrella, Alba,
cuando os miro,
encuentro respuesta a lo sagrado.
Encuentro el universo a mi lado.

«No te comprendo»,
respondió Sagrario, que acababa de llegar,
con sus ojitos misteriosos,
mirando profundamente hacia todos los lados.

Sois todas hilos con las que coséis
los rotos que los mayores hacemos,
nos recordáis que en los ojos encontramos
el arcoíris del ser humano.

NOSOTROS

Eres la sombra de mi sombra,
candil de mi penumbra,
grano en mi tierra estéril,
paño en mi regazo
bajo el que acurruco mis manos.

Eres todo mi silencio,
mi meditar pacífico,
mi cantar bajito,
mi sueño verdadero
más mi verdad soñada
mezclados estos dos versos
y bebidos locamente,
pero despacito y sin ruido.
Degustando.

Fuiste, eres y serás.
Fui, soy y seré.
Tú y yo,
una sola ola
que bate, que va y que vuelve con fuerza.

Onda que mece,
marea que crece y desfallece,
luna que entonces intercede,
vapor que baila y se divierte.

Y abrimos ventanas
y huele.
Puesta de sol que nos envejece
un día tras otro,
tesoro en el arcoíris,
mariposas,
colores que se reflectan
a través del cristal con que nos mira… la vida.

Ya te has ido.
Llueve, lloro,
sale el sol y me emociono,
canta un ruiseñor,
estoy solo
y tú entre mi sombra
rezas nuestro credo
y yo te creo, te siento y duermo.
Es paz en lo que todo transformo.

MI PUREZA

Cuando comprendí que la tristeza del mundo
se encontraba en la comedia,
cuando la injusticia se reveló con rebeldía y no con amargura,
encontré mi pureza.

Cuando descubrí en el silencio
el mayor de los mensajes,
el mejor de los comienzos,
la fuente de toda creación,
encontré mi pureza.

Cuando sentí estar en deuda hasta la bancarrota
y me convertí en agradecido hasta el ridículo,
ese valor que es el peso pesado de todos los pasos que damos;
cuando me reconocí entre sueños haciendo callo, luchando,
dejando siempre poso a mi paso,
encontré mi pureza.

Cuando aprendí a madurar con el tratado de la infancia,
reconocer que cualquier cosa me afecta y se arraiga
como las hojas que caen en los charcos,
pero saber esperar porque el tiempo
pone en valor lo bueno sobre lo malo
sin sustituirlo, aceptándolo;
cuando aprendí que los prejuicios
son un pozo del que se bebe ligero
en los encuentros blindados más que brindados
y la paciencia solo la atiende y la entiende,

porque atiende y entiende,
el que vale la pena,
encontré mi pureza.

Cuando me descubrí escuchándome
y regalándome plenamente;
cuando supe contar hasta diez
porque hasta tres no había manera;
cuando quedé de tontito,
sí, sí, de tontito y callado,
por no entrar en contiendas
prendiendo mi fuego por dentro,
encontré mi pureza.

Cuando acepté que no soy capaz
de pertenecer a un único grupo ni a un pequeño círculo
y me aventuro y a veces me ponen un petardo
y la onda expansiva me expulsa al barranco,
encontré mi pureza.

Cuando me besan de veras y me abrazan despacio;
cuando lo hago y me gusta y soy aceptado;
cuando mucho me sorprende y tanto me ilusiona;
cuando la decepción mora o siento el alma rota;
cuando descubrí que mi orgullo
no tiene días para serlo, pero sí para estarlo,
encontré mi pureza.

Desde mi más absoluto desnudo
acaricié mi pureza.

POETA

Es el hechicero de las mil letras,
de los verbos que nutren la acción de la vida;
formula sujetos que son eslabones
que forman cadenas que liberan.

No cantes, no llores,
son tus versos los que ya lo hacen.

No ríe el poeta ni llora solo,
tampoco canta como todos;
son sus versos ese todo,
no cuenta y es el ritmo, la intuición.

Escribe sainetes, se enoja,
describe,
cuenta cuentos bellos,
inspira la vida,
no es filósofo porque aglutina,
no compartimenta,
relata y ensalza,
están sus versos siempre desnudos
y tan repletos de entrañas…

Qué lástima del poeta que, mientras declama, se ensalza;
que se escucha a sí mismo en su retórica
buscando la admiración,
sobreactuando.

Poeta,
tu verdad está en el espacio en blanco
que cobra valor,
en el silencio que provocan tus versos.

ENTRELAZADOS

Entrelazados,
el mismo paso,
haciendo de un paseo
un hermoso desfile espontáneo,
el camino del protocolo de los buenos hábitos,
es la verdad caminando de la mano,
el orientarse juntos,
saber descansar,
pararse mirando.
Es ir despacio al son del tiempo,
recorrer la pasión,
el don del trato sellado en un tratado en forma de un diario
que todas las noches se escribe a dos manos,
manos que se entrelazan,
que adormecen las noches de insomnio,
que cuidan y trabajan por separado
y luego se encuentran en la oscuridad
tanteando, tanteando, tanteando,
buscando, buscando, buscando,
y, por qué no,
todavía
tonteando, tonteando, tonteando.

LAS PALABRAS

Las palabras
no se las lleva el viento,
ni el tiento ni el tiempo,
y menos el hombre.
Las palabras
tienen sustrato y soporte.

Somos nosotros quienes volamos
y así las palabras que no se valoran
se abandonan como un juguete roto
o permanecen en trasteros guardadas
esperando que regresen sus dueños.

Las palabras gansas
ni las quieren en ferias ofrecidas a cualquier precio.
Aire no son las palabras,
son las personas que tan bien hablan como se van.
Las palabras valen lo que la persona es.

Palabras, palabras, palabras.
Guarda palabras sanas, santas en tu historia y en tu conciencia;
el resto quedarán en el baúl de los desechos, desengaños,
desencuentros.
Listillos y también -illas, que es igual el género;
ahora no hay quien escriba como el poeta aglutinando,
cuánta piel fina;

pues eso, listillos que dejan astillas,
dejan su sello y se marchan honrosos;
bueno, -osas aquí no queda tan bien,
así son las cosas.

Guarda palabras en tu regazo,
mece recuerdos,
entrega tus verbos que son acciones
y tu sujeto, tu identidad por delante.

Las palabras
o son cuentos o son momentos;
bueno, también hay cuentos bellos
y momentos feos.
Todas ellas relatan y delatan
nuestros pasos y nuestras maneras.

Sea lo que sea…,
las palabras son palabras,
y no habléis de vientos.

AMAR AL AMOR

Leer un cuento a un librero,
atender a un tendero,
dar alimento al cocinero,
curar al doctor,
bendecir al religioso,
mirar al ciego,
escuchar al sordo,
vigilar al centinela,
proteger al salvador,
y todo esto sin conocer el oficio,
pero con todo el corazón,
sin el prestigio que otorgan los años,
pero el don de la dedicación,
el respeto y el cuidado
porque los oficios son buenas acciones.

El que sienta la poesía,
no sabiendo como no sé yo,
que escriba y escriba,
desconociendo los versos, versos son.

TROTAMUNDOS

Es tan sospechoso para mí
que la regeneración la dictamine el poder...
¿Dónde está mi querido barrio, mi pueblo, mi gente?
¿Dónde están los oficios,
los estudios llenos de propósitos,
los maestros de escuela tan vocacionales,
los sanitarios valientes,
los artesanos que crean,
los artistas artesanos,
los científicos que sueñan despiertos?

¿Dónde estáis, trotamundos de mi calle,
los dueños de mis versos?
¿Dónde estás, Charlie Chaplin?

¿Hacemos de la política un buen oficio?
Miraremos trotando el mundo
y luego nos pondremos de acuerdo;
en fin, locuras de un trotamundos cualquiera,
tratado de un trotamundos ligero.

Mientras, la vida gira en círculos cerrados sin salida.
La calidad del aire se mide por el peso de las monedas
y el pícaro tiene más lleno el saco que el poeta.
Busco mil formas de respirar letras,
trotaletras, trotamundos, trota que trota,
dale que dale, tira que tira del cuerpo
y del alma, que es el lugar de mi cobijo.

Escucho historias que robo discreto,
pido al tiempo captar los instantes perfectos,
los imperfectos los llevo igualmente como inigualables
en un mundo tan impostado.
Troto que troto tratando absorberlo todo.

Siendo mendigo, el poeta
en su bolsa lleva la respiración de la tierra,
por eso es trotamundos.
Trota el llanto que ara la tragedia,
trota la esperanza que siembra cuando ni siquiera se desea,
trota el tiempo que espera, que salta, que corre, que observa.
Cuando la vida centrifuga, medita
y, cuando duerme la vida, la saca de su letargo
o espera, espera, espera.
El trotamundos
maneja los tiempos,
escucha los vientos,
observa tormentos.
Trotamundos, caminas hacia delante
mientras el mundo gira que gira
o entra en puertas giratorias.
Al trotamundos
se le pega el polvo del camino y del cosmos,
estrellas y piedras;
en fin, no me hagáis caso.
Soy un crío que tiene piernas largas,
solo eso.

VOLVÍ

Durante un tiempo sentí
que los domingos turbios
eran el precio a pagar por una noche de embrujo.
Durante un tiempo
fui una copa rota
que canta triste al cáliz que bebe y rebebe.

Déjame ir entre el misterio de lo oscuro y la depresión,
déjame entre el sinsentido y la pena,
déjame morir despacito entre algodones,
me acurruco en la farsa que yo mismo tejo con mimo.

Soy payaso triste con el que nadie ríe.
Durante un tiempo lloré los domingos en la soledad de mi váter,
ahogué mis principios,
gasté mi dignidad,
driblé compañía
y la que cogí me dejó alcohol en mi herida,
me acerqué a mi propio despojo
y jugué con lo delicado,
efectivamente rompiéndolo todo.
Me quemé con fuego y escupí para aliviarme,
rasqué el cartón a ver si la vida salía como regalo
hasta que ya no quedaron más que decepciones,
tal vez la primera y la grande, la mía.

No encontré duendes, ni premios, ni dioses cercanos;
centrifugué convivencia,
demolí mi autoestima,
volví locos a mis sentidos.

Lo bebí todo y todo era un yo,
di luz a una pena que vagaba solo
y a la sombra pesarosa de un hombre roto,
y dormí, dormí, dormí en las tinieblas
y pasé penitente ante el silencio gritado.
Me golpeé una y otra vez,
me fui a mi destierro
y allí me quedé como un vagabundo
como un náufrago que no sabe dónde está su tierra.
Aboné lamentos hasta que...
entendí que tenía que volver
para estar aquí.
Y volví, volví y te vi.

SOY ALGO DE MI SILENCIO

Cuando me callo, no siempre otorgo.
Si estoy de acuerdo, reafirmo;
cuando me caigo, no siempre grito;
cuando estoy feliz, sonrío.
Sonreír significa reír por debajo, como los niños.

Sé perdonar a quienes despido
y no olvidarme de quienes escribo
cubriendo renglones vacíos
sin borrar los descritos.
Es el diario de un navegante
y del poeta que hechiza con ritmo.

Mi intuición es la bruma de otoño,
mis miedos son las brujas que juegan conmigo.
Reparto mi corazón partido
que regenero con ilusión
y que en silencio acaricio.

Revelo mis secretos con pausas,
desvelo las palabras rotas,
provoco a los verbos
y los sujetos son el misterio en sí mismos.

Subjetivas las opiniones,
incluso los hechos concretos.
Escéptico a los dogmas
que vienen desde palacios y poderes.

Objetivo mi percepción y afino el sentido,
la emoción la libero demasiado
y, cuando vuela, la fotografío;
siempre sale movida;
aun así, la archivo
en el brillo de mis ojos vivos
o en el rincón de la tristeza
que son mis días perdidos.

Sonrío
cuando planeo ligero,
escuchando el sonido de mis pasos.
A veces caigo en la cuneta,
no tardo en caer en la cuenta
y otras no me doy cuenta;
así me dan las cuentas y sumo
y me reafirmo en que la vida es
lo que se reparte multiplicando y no dividiendo.

El arte y el coqueteo,
ambos crean belleza y sutileza,
sentidas emociones.
El amor apremia.

El silencio es la primera nota,
el primer paso,
lo más bello antes del beso
que toda sinfónica comprende.
Es el Big Bang de todas las cosas.

Es el silencio el gran Chaplin,
la sorpresa del payaso con ojos abiertos,
siempre sorprendido.
Es el cómico que enmudeció
al volver de la guerra.
Es el silencio tu rezo.

GRANITO DE ARENA

Y ser un granito de arena,
el ser un mirar y mirar
y escuchar y escuchar
y dejarse ir por el mar,
que sisea y me mece;
graznan las gaviotas
saludando a los que juegan a quererse
mientras la luna se mira orgullosa.

Es el fondo de un mar enloquecido,
los secretos de los náufragos olvidados
que se llevan consigo.

Son granitos de arena,
un marino que mira perdido,
es su forma de encontrar su sentido.

Son granitos tanta vida
que se va entre los dedos.
Son granitos y granitos y granitos.
Es arena que mi calzado lleva.

ALAMBRE

Caminamos en equilibrio temerosos
entre la misantropía y la empatía.
El equilibrio lo imponen las tendencias políticas
lejos de la virtud de la dialéctica.

El tercer mundo es ignorado,
y el cuarto, barrido bajo nuestra alfombra.
El centro de gravedad está a la altura del ombligo
para así caminar mejor por el alambre.
Las emociones están cocinadas por el mercado
y así cobran vida.

Caminamos por un alambre con línea de vida,
eso es como caminar atados creyéndonos libres en las alturas.
El verdadero equilibrista sabe del riesgo de caer,
así caminamos tontamente soberbios.

A más libre el equilibrio,
más verdadera la vida.

TÚ

Nunca partiste aunque te esté despidiendo,
te imagino frío,
quiero abrigarte en tu marcha
y eres tú mi abrigo.

Te recuerdo en primavera y en otoño también,
fue la vida acogedora
como tu sonrisa cálida en mis malos momentos.

Tu marcha tienta mi huida,
pero el lastre de tu ser
lo dejas bien amarrado al alma mía.

Escribo y no hablo,
dejas tu palabra y lo cotidiano a mi lado,
así todo es trascendente y tan cercano…

No me dejas solo.
Permaneces como siempre
sin saber bien cómo.

Es tu cariño callado,
es tu presencia,
tu esperar sanando.
Así, tal como eras, es.
Al recordarte, soy un llanto amado,
quebranto cantado,
soy suspiro en mis entrañas.
Gracias a ti,
yo vivo.

PRIMAVERA

Son los colores del cielo el arcoíris,
es la pasión por la vida,
la leyenda de un cofre
como si el mismo arco no fuese un tesoro.
Es el arcoíris la unión del Olimpo y la tierra
al final de la tormenta, hombres y dioses.

Caigo sobre mojado,
me levanto ilusionado ante tanto color y luz,
salto de alegría y al tiempo me arrastro.
Vuelo,
la sensatez me hiere,
me agarro a un árbol florido
siendo yo un frágil fruto en la rama.

La sencillez y la inocencia
siempre llaman a la primavera
un día antes de lo previsto.

Puertas abiertas,
abro ventanales.
Llega siempre la primavera
antes de haberlo pensado.

DUENDES III

Como el poeta, observo;
como el filósofo, pienso;
como el científico, experimento;
como el monje, medito.
Quiero coquetear con el cinismo griego,
aprender de los estoicos
y dar gracias a los que están,
y a los que se fueron o se los llevó la parca.
Deseo que los duendes me regalen
el poder de cerrar los tratos
y, luego,
guardarlos, llevarlos o romperlos.

Hay duendes que cobran vida
alrededor de nuestro camino;
otros tal vez lo fuesen,
pero se quedaron dormidos.
Hay duendes perezosos
que se desvanecen.
Hay duendes y duendes,
seres y seres,
energías que se encuentran,
se despiden, van y vienen, permanecen,
penetran, se expulsan, quiebran,
desaparecen, escapan o se tuercen,

cuidan, se burlan,
enamoran, desfallecen,
protegen o son presencia sin más
en el polvo del camino,
en el polvo de estrellas.
Yo, entre duendes.

GRACIAS II

Es un estar dentro de una mirada,
es un poco basta y mucho eleva;
siendo nada, con intención igual ensalza.

Es una seducción,
una carta escrita a mano,
el tiempo dedicado a introducirla en un sobre
y esperar a que llegue despacio, saboreando.
Es un imaginar sin prisa
como un texto que se calceta;
como un ciego que acaricia;
como una cara curtida en mil batallas;
como un suave semblante, dulce;
como un rostro rugoso por el paso del tiempo,
y todo eso sin palabras porque se lee la intención
a través de los poros del que agradece y del que recibe su gracia.

Es una sonda conectada entre dos,
es un saber que se eriza la piel
y me da un escalofrío.

Como el sordo que escucha y comprende,
bien sabe de dónde salen las palabras,
como la hondura de algunos vocablos
que por la boca no pasan,
como el lenguaje de la mañana limpia y fresca, ilusionada,
y de la noche de hadas.

Como el que siendo mudo
contesta y todos comprenden.
Expresión certera en una milésima percepción: gracias.

CAMPOSANTO

Camino por un campo
que no es campo, pero sí es santo.
Ventanas cerradas,
finales diversos,
años variopintos sobre las lápidas tan blancas...
¿Quiénes están allí dentro tan inmortales?
Somos más muerte que vida,
más error que virtud,
más duda que toda verdad aparente.

Miro curioso a la muerte,
paseo sin prisa
imaginando los pasos que los míos darán
llevándome a hombros.

El tiempo se para en una estancia
que se vuelve cálida ante mi presencia.
No hay luces navideñas en este campo,
aquí no se compra nada.
Camino con el paso que los muertos marcan.
La muerte me confiesa sincera,
la muerte muestra su cara,
es verdad, es certeza fanal que cuida y muestra,
es la relación más íntima que conozco.
Tal vez muchas almas me contemplen...

Las tengo tan cerca que puedo escuchar cómo susurran
sobre el polvo del camino que se pega a mi calzado.
Y no sé por qué rezo a difuntos a cada desengaño,
y no sé por qué no rompo;
es tal vez
que estoy hecho de trocitos de todos mis muertos
muy bien pegaditos.
Misterio que soy y que acepto.
Deseo ser más polvo, más polvo, más polvo
de estrellas en los caminos de todos vosotros.

UNIVERSO

Despierto a mis propósitos
alentando a mis neuronas;
así son las neuronas,
estrellas que brillan en mis ojos.
Miro sin tiempo ni espacio,
no hay materia,
estoy demasiado ocupado,
ese es el mirar con misterio que se lo lleva todo,
todo mi sentido, el sentido de mi vida.

Es la verdad consumada al instante,
consumida por mi pasión.
¿Qué sentido tiene una porción de segundo eterna?

El universo…
es el silencio que cosquillea,
es el misterio que comprendo
y, si lo explico, no entiendo.
Se revela el cuerpo,
me arrojo al fuego y no me quemo,
brillan mis ojos,
y los de un todos, todos, todos,
así todos polvo,
llenos de polvo,
polvo de estrellas
y cierro mis ojos,
y floto, floto, floto.

EL ABRAZO

Aprendizaje, anclaje, ternura,
travesura, tierra, trapecio sin red,
raíz, remanso,
rotundo regalo,
declaración desprotegida,
disparo, descanso,
fuerza, frenesí, fraternidad,
complicidad, cordura, cuerpos, calor vital,
vivo, vulnerable,
verdades silenciadas,
vida de lo salvaje,
sello, sostén, sacramento,
sorpresa, silla,
sentidos entrelazados,
entregado, empático, emocional,
energía rescatada,
mano, mimo…;
en definitiva,
no hay mentiras que se escondan
ante el darlo o aparentarlo:
el abrazo.

EL ABUELO MIGUEL

El abuelo Miguel sabía mucho del dolor que causa el amor. Solo quedaba él entre todo su grupo de amigos. Crecieron juntos y casi juntos murieron. El abuelo fue el encargado de depositar a una última baraja y cartas a modo de flores en las tumbas.

A su querida Martina, su esposa y mi madre, también se la llevó un bicho que se llama *cáncer*. Se fue y, de algún extraño modo, se marchó para quedarse, acompañándolo en la soledad o para sentirla aunque estuviese entretenido.

Yo perdí a mi hijo Santiago, al nieto del abuelo Miguel, mi padre. Se fue de la mano de Martina. Una semana después de haberla enterrado. Todo un sinsentido demasiado fuerte como para no tenerlo. La vida no puede ser caprichosa para esto.

La vida nos robaba. Santiago, de cuatro años, y Martina, de setenta y cuatro, jugaron para siempre con nuestras emociones. La vida ya no eran nada y lo era todo.

Desde ese momento, a mi padre, Miguel, lo llamé siempre el abuelo Miguel.

Con frecuencia, el abuelo Miguel y yo, él me llama Huesos por mi delgadez, nos quedamos ausentes, inmóviles sin cruzar un semáforo, sin atender la vez en una cita, escuchando juntos nada más que nuestras presencias o silencios, sin atender a un programa de televisión, sin, sin, sin... sin vida o llenos de ella.

A veces, los amores aparecen con fuerza en nuestras vidas, los muertos se hacen presencia y nos vamos con ellos a un lugar extraño. Al volver, el abuelo y yo siempre nos miramos, sabemos que estuvimos donde los duendes hablan y habitan sin descanso para nosotros.

Es así, a más presencia, más vacío aparente; a más amor encontrado, más dolor que se hace distinto a todos los dolores que conocemos.

Así somos y sentimos padre e hijo, así es el son que añora dejando ver por la calle una sonrisa tonta, indiscreta e inconsciente vagando por nuestras mentes, mientras que la gente que nos mira envidia la felicidad que nos embarga sin nosotros darnos cuenta.

VOLVER

Regreso del lado del misterio.
¡Allí existe un silencio tan hermoso!
Una sirena rompe mi más certera verdad
para retomar el mundo de lo imperfecto.
Despertar es un golpe
cuando de donde vengo es paz,
ni es pasado, ni futuro,
ni tan siquiera el presente…
Es un absoluto.
Es como un sueño cuando es tan bello…,
es mi mayor esencia el lugar del que vengo.
Lo describo escueto:
soy energía
que vengo de un lugar donde no era materia.
Soy otro código,
lo verdaderamente cierto;
es morirme y nacer volviendo,
volver, volver, volver
planeando en una estrella,
polvo cósmico que toma tierra.
Vivir es el trasiego de una ambulancia
en su traqueteo mientras no tengo miedo
porque sé de mi yo traspasando cuerpos,
son mis intuiciones del lugar del que vengo,
es la sensación que tengo en el alma
que me hermana con el universo.

Mi conciencia está entre libros,
soy librero con una lectura distinta
y mi reflexión cotidiana es una acción trascendental
en cada décima de segundo.

Soy un yo sin ego.
Pureza, certeza,
ida, vuelta.
Soy presencia que se escapa del cuerpo,
sencillez, descubrimiento, belleza.
Saber estar sabiendo,
saber estar vivo y viviendo.
¡Siempre viviendo!
También sé soltar
y volar, volar, volar
instantes insignificantes,
emociones,
concepción de la existencia,
creencias, certezas.
Y pisar, pisar, pisar
entre el polvo de mi camino
mi experiencia de ser polvo
que traigo de las estrellas.

HAIKUS

Se escriben en tres versos sin rima de 5, 7,
5 sílabas respectivamente.
Esta métrica es flexible.
Nada impide escribir haikus
que tengan un número de sílabas ligeramente distinto;
esto se debe a que los propios haikus japoneses,
al ser traducidos,
varían esta métrica.

Os daréis cuenta de que los haikus
continúan la numeración
que terminó en el libro anterior:
LuZiérnagas.

Estos haikus procuran la métrica tradicional.
Cogedlos y volad sobre ellos.

XXXIII. Llevo secretos
que no dejan más huella
que en el corazón.

XXXIV. Drama y comedia
van juntas de la mano
desde las penas.

XXXV. Belleza mata
a la persona sabia
que lleva dentro.

XXXVI. El que no pesa
en la balanza resta.
Nadie te aprecia.

XXXVII. Un *flash* tras otro
entra en mis recuerdos.
Se embarra todo.

XXXVIII. Es lodo, pienso.
Hay sol frío de invierno.
Camino lento.

Variante.

Camino lento,
hay sol frío de invierno.
Camino denso.

XXXIX. Eres veleta,
ni inquietas, ni te admiran,
ni te respetan.

XL. El tiempo se va;
quedará en tu recuerdo,
que es la intensidad.

XLI. Cuánto te queda.
También debes de pensar:
cuánto te sobra.

XLII. Cuánta belleza.
Las arrugas son seña,
son tu patente.

XLIII. El aire fresco
que riega el verano
ronda mis venas.

XLIV. Yo soy un padre,
un guardián silencioso
de sus destinos.

XLV. Los españoles
votamos con las tripas,
no con las razones.

XLVI. Amada vida,
me has dejado en tierra
y te has ido.

XLVII. Todos los dogmas
        los libera una mirada,
        solo la poesía agarra.

XLVIII. Las arrugas son tu patente.
        ¡Cuánta belleza latente
        detrás de tu mirada paciente!

XLIX.   ¿Ardes conmigo?
        Mejor el mucho calor,
        morir es frío.

L.   Que nunca el hombre
        se sienta poderoso,
        se rece fuerte.

LI.   El susurro habló
        y el suspiro respondió,
        así entre ella y yo.

LII.   Es un gran día
        lo que mejor regala:
        su compañía.

LIII.   Fuera de lugar
        me acerco así a la vida,
        y en el amor, más.

LIV.   Hombre sensible,
        tu carácter cambiante
        nadie lo entiende.

LV.   Mis duendes
        son santos en mi vientre,
        mis mariposas.

LVI.   El pensamiento,
        si no escapa del confort,
        induce a engaño.

LVII.   Entre los sueños,
        las acciones escritas,
        mejores sueños.

LVIII. Bella cicatriz.
        Tengo la necesidad
        de que me mimen.

LIX.   ¿Qué es el ombligo?
        Amor del ser humano.
        Bella cicatriz.

LX.   Yo fui consciente,
        cuando se hizo el silencio,
        de mi ignorancia.

LXI.   El ruido tapa
        todo el conocimiento
        que encierra el alma.

LXII.   Quiero la llama
        que prende con la chispa
        de tu palabra.

LXIII.   Las gentes pasan
          como pasa la vida,
          sin compañía.

LXIV.   Nuestras miradas
          nos hacen diferentes.
          Nos humanizan.

LXV.   Nuestras miradas
          son nuestra complicidad,
          nuestro ser y estar.

LXVI.   Es tu silencio
          y tus ojos tan tristes.
          Se encierra tu alma.

LXVII.   Amo a mis hijos.
          Se creó en mí un universo.
          Bella dimensión.

LXVIII.   Poco frecuentes.
          Palabras y tesoros
          son muy valiosos.

LXIX.   Coger la bruma
          que densa me rodea.
          Esa es mi intuición.

LXX.   Amores ciertos
          en los mares inciertos
          son flotadores.

LXXI. Es la poesía
la belleza de cantar
cuentos y gritar.

LXXII. Muerte súbita,
llega sin avisarte,
sin prepararte.

LXXIII. Victoria honrosa
es la que se consigue
emocionando.

LXXIV. Andar la vida
cada día más feliz.
Hazla tu amiga.

LXXV. Con muy poquito
no es que todo me llega,
es que me llena.

LXXVI. Soy onírico
cuando te haces presente
entre tu audiencia.

LXXVII. Solo tú entiendes
mis renglones torcidos,
querida madre.

LXXVIII. Calles con ruido,
busco tan solo tu voz.
Dentro es el lugar.

LXXIX. Nuestras miradas
nos hacen diferentes
al tiempo que amantes.

LXXX. De nada sirven
los pies sin un camino.
Tonto destino.

LXXXI. Los trampantojos,
los cientos de razones
que un cuerdo expone.

LXXXII. Te llamo *reina*,
mi presente y mi presencia.
Eres esencia.

LXXXIII. Eres tan frágil,
engaño de la carne.
Tú te traicionas.

LXXXIV. Serán la carne
y el honroso corazón
alfa y omega.

LXXXV. Entre susurros
nos oramos y honramos
al caer la noche.

LXXXVI. Esa bella luz
que ha prendido mi vela
y moldea mi cera.

LXXXVII. Es mi imaginar
oportunidad tonta
para humanizar.

LXXXVIII. Esa bella luz
que ha dejado mi vela
en oscuridad.

LXXXIX. Como el amor,
vale por él mismo.
No pertenece a nadie.

XC. No se demuestra.
El amor verdadero
se da y se muestra.

XCI. Nos escuchamos,
las emociones danzan,
el silencio habla.

XCII. Todo lo incierto
es parte de tu miedo.
Busca tu verdad.

XCIII. Como todo lo mío
jugar con la luz
en un teatro vacío.

XCIV. Es más que un juego,
silencios y susurros
entre miradas.

Son las traiciones
silencios y susurros
entre moradas.

XCV.   Cuando me evitan,
        es fácil darse cuenta.
        Un sinsentido.

XCVI.   Tu mirada es luz
        y proyectas mi sombra
        mientras me acoges.

XCVII. El cielo llora
        las tormentas pasadas;
        así la tierra permanecerá mojada.

XCVIII. Por fin comprendí:
        camino entre senderos.
        Nunca una meta.

XCIX.   Son las mochilas
        que llevamos a cuestas
        gran artefacto.

C.   Nuestras pasiones
        no escuchan las razones
        para el consenso.

CI.   Brindo por cada latido,
        es el repicar de tu corazón
        contra el mío.

CII.   Si llora el alma,
         no lo hace más que el ego.
         Toma distancia.

CIII.   Quienes nos aman
         desean acompañar
         nuestro silencio.

         Variante:

         Quienes te sanan
         desean recostarse
         en el misterio.

CIV.   Hoy solo quiero
         ese yo vagabundo
         entre emociones.

CV.   Busco la hondura,
         busco el verso callado,
         así, rasgado.

CVI.   Es mi susurro,
         es mi polvo de estrellas,
         es mi camino.
         Variante:

         Amo a mis duendes,
         son mi polvo de estrellas
         en mi camino.

AGRADECIMIENTOS

Estoy hecho de trocitos de todos mis rotos
muy bien pegaditos con el misterio y la energía
de todos vosotros.

Miguel

-

ÍNDICE